FAMÍLIA   VIAGEM   GASTRONOMIA   MÚSICA   **CRIATIVIDADE**
& OUTRAS LOUCURAS

SARA BLISS

LARGAR TUDO

MUDE SUA CARREIRA, MUDE SUA VIDA

Tradução
Cássia Zanon

© 2019 by Editora Belas Letras Ltda.
© 2018 by Sara Bliss

Nenhuma parte desta publicação pode ser reproduzida, armazenada ou transmitida para fins comerciais sem a permissão do editor. Você não precisa pedir nenhuma autorização, no entanto, para compartilhar pequenos trechos ou reproduções das páginas nas suas redes sociais, para divulgar a capa, nem para contar para seus amigos como este livro é incrível (e como somos modestos).

Publicado mediante acordo com a editora original, Touchstone, uma divisão da Simon & Schuster Inc.

Este livro é o resultado de um trabalho feito com muito amor, diversão e gente finice pelas seguintes pessoas:
Gustavo Guertler (edição), Fernanda Fedrizzi (coordenação editorial), Germano Weirich (revisão), Celso Orlandin Jr. (capa e projeto gráfico) e Cássia Zanon (tradução)
Obrigado, amigos.

2019
Todos os direitos desta edição reservados à
Editora Belas Letras Ltda.
Rua Coronel Camisão, 167
CEP 95020-420 – Caxias do Sul – RS
www.belasletras.com.br

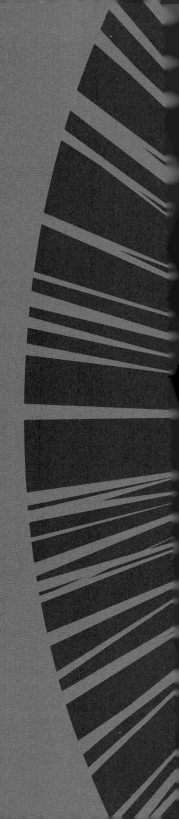

Dados Internacionais de Catalogação na Fonte (CIP)
Biblioteca Pública Municipal Dr. Demetrio Niederauer
Caxias do Sul, RS

B649l	Bliss, Sara
	    Largar tudo: mude sua carreira, mude sua vida / Sara Bliss; tradutora: Cássia Zanon. - Caxias do Sul, RS: Belas Letras, 2019.
	      272 p.
	
	    Título original: Take the leap: change your career, change your life
	
	    ISBN: 978-85-8174-504-6
	
	    1. Empreendedorismo. 2. Carreira profissional. 3. Mudanças. I. Zanon, Cássia. II. Título.

19/79	CDU 658.3

Catalogação elaborada por Vanessa Pinent, CRB-10/1297

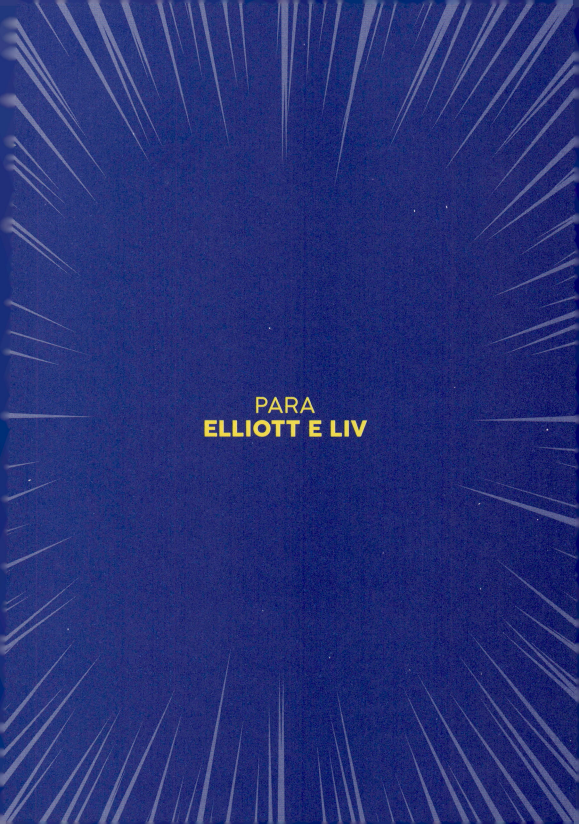

SUMÁRIO

INTRODUÇÃO 10
TUDO COMEÇOU 16

LIBERE SEU LADO CRIATIVO

Vender seu roteiro **20**
Ser artista (sem a parte da pobreza) **25**
Então você quer... vender a sua arte **28**
Escrever quadrinhos **30**
Antes de serem escritores de sucesso **34**
Então você quer... escrever um romance **35**
Encontrar um trabalho que faça você feliz **38**
Criar interiores impressionantes **41**
Fazer arte para todos **45**
Arrasar em uma carreira na qual você não tem experiência alguma **49**
Ser a estrela do seu próprio programa de TV **53**

CRIE SEU PRÓPRIO NEGÓCIO

Tornar-se um guru das mídias sociais **60**
Como cheguei aqui **63**
Começar uma startup **65**
Promover a sua ideia **68**
Inventar alguma coisa **71**
Começar uma nova marca enquanto todos estão se aposentando **75**
Programar uma carreira **79**
Então você quer... conseguir um trabalho em tecnologia **81**
Encontrar uma lacuna no mercado **84**
Não siga sua paixão **87**
Construir um legado **92**
Crie algo novo **96**

ESCOLHA SUA PRÓPRIA AVENTURA
Viver na água **102**
Então você quer... morar em um barco **106**
Desafiar as expectativas **108**
Sair da sua zona de conforto **113**
Postura do cachorro olhando para baixo ao redor do planeta **117**
Transformar o mar em seu escritório **122**
Ir em frente mesmo com medo **126**
Como cheguei aqui **130**
Ser pago para viajar **131**
Obtenha um fluxo de renda rumo ao sucesso **134**
Ver o mundo **138**

RETRIBUA
Agir quando ninguém mais estiver agindo **142**
Escutar, curar, capacitar **147**
Então você quer... voltar-se para o trabalho beneficente **151**
Aumentar a conscientização **154**
Correr para o desastre **158**
Começar uma nova economia e restaurar os oceanos **161**
Deixar Deus ser seu chefe **165**
Causar um impacto **168**

SIGA SUA ALEGRIA
Abrir uma livraria **174**
Como cheguei aqui **179**
Visualizar seu futuro (junto com o de todos os outros) **180**
Reviver sua juventude **185**

Ser pago para falar sobre esportes **188**
Vença a síndrome do impostor **192**
Errar, ficar mais esperto, avançar na carreira **194**
Dizer adeus à vida corporativa **197**
Crie uma rede de segurança financeira **201**
Trabalhar com as mãos **204**
Ir em busca da independência financeira **207**
Deixar seu emprego e depois voltar **211**

TORNE-SE UM GUERREIRO DO BEM-ESTAR
Correr por uma vida melhor **218**
Transformar vidas uma escalada por vez **221**
Então você quer... fazer a transição da carreira militar **224**
Escolher duas carreiras em vez de uma **227**
Lançar uma marca na sua cozinha **230**
Então você quer... Voltar ao trabalho
depois de um período cuidando dos filhos **233**
Fazer um blog para criar um novo negócio **236**
Superar obstáculos, triunfar em um novo desafio, inspirar, repetir **240**
Adaptar-se à mudança **244**

TORNE-SE UM GOURMET PROFISSIONAL
Transformar seu hobby em profissão **248**
Então você quer... Abrir uma vinícola **251**
Aprender trabalhando **253**
Mudar-se para o paraíso e levar seu trabalho com você **257**
Realizar seu sonho **261**
Viver da terra **264**
Ganhar fama em um país estrangeiro **268**

AGRADECIMENTOS 271

INTRODUÇÃO

ADMITA. Você às vezes fantasia sobre viver uma vida completamente diferente.

VOCÊ SE IMAGINA INDO PARA O TRABALHO de veleiro, não de ônibus. Trocando sua mesa triste por um trabalho que paga para você viajar pelo mundo. Ou substituindo seu pequeno salário por um adiantamento de seis dígitos. Talvez você esteja procurando fazer algo mais relacionado com quem você realmente é, trabalhando nas horas vagas como instrutor de ioga, comediante ou até mesmo bombeiro. Talvez você sinta o chamado para transformar a vida de outras pessoas por meio de educação, arte ou terapia. Ou finalmente queira ver seu nome reconhecido. Não importa o que faz você sonhar... e se essa pudesse ser realmente a sua vida?

Largar tudo apresenta mais de 60 histórias de pessoas que tornaram suas fantasias realidade. O advogado do Texas que hoje dirige uma escola de surfe na Nicarágua, o jogador profissional de futebol americano que ganha a vida como artista, o presidente de estúdio cinematográfico que vendeu tudo o que tinha para se mudar para o outro lado do mundo e abrir uma instituição de caridade. Acontece que trocar de carreira nem sempre tem tanto a ver com trabalho quanto tem a ver com mudar sua vida.

O cenário do trabalho está mudando radicalmente. Há 50 anos, era comum escolher uma carreira para toda a vida. Hoje, apenas 9% dos norte-americanos têm o mesmo empregador há mais de 20 anos, de acordo com a Secretaria de Estatísticas Trabalhistas dos EUA. Graças à internet, nunca foi tão fácil se candidatar a empregos, conectar-se com outras pessoas de sua área, pesquisar outros setores, aprender novas habilidades, promover-se, criar uma marca ou abrir um negócio. De acordo com uma pesquisa da Freelancers Union and Upwork, em 2017, 57,3 milhões de pessoas trabalhavam como freelancers nos Estados Unidos – um aumento de 8,1% em relação a 2014. Algumas pessoas se veem com a necessidade de mudar de vida porque o trabalho que pensavam que sempre teriam não existe mais. Outras pessoas podem mudar de ideia quanto ao que queriam da vida.

Eu sei como é desafiador fazer uma mudança de carreira, mesmo nos estágios iniciais. Quando era menina, eu sonhava em ser uma escritora como Nora Ephron. Imaginava publicar um livro por ano, com alguns filmes ou peças de teatro. Depois, na faculdade, fiquei obcecada com história da arte. Quando consegui um emprego na recepção da casa de leilões Christie's, em Manhattan, recebia por hora, sem benefícios – embora houvesse a expectativa de que eu me vestisse de maneira impecável. Depois de um ano, parecia que tudo o que eu estava fazendo era ajudar a mudar obras de arte de um apartamento chique para outro.

Então voltei ao meu plano original e decidi ser escritora. Mas ser uma romancista estava fora do meu alcance (eu precisava primeiro escrever um romance). Revistas e jornais com vagas para redatores não se importavam com meus prêmios de ficção universitária. Então, fiz um curso noturno de escrita para revistas na New York University e aprendi como ter meu trabalho publicado.

Consegui uma vaga de assistente na House Beautiful graças ao meu passado no mundo das artes. Equivocadamente, pensei que seria capaz de passar para revistas femininas a partir de lá e ganhar experiência escrevendo sobre antiguidades e produtos de construção. Nenhum dos dois assuntos me interessava. Por sorte, encontrei editores que viram que eu sabia escrever sobre qualquer coisa e me deram pautas sobre viagens e perfis, que foi onde me encontrei.

Para sobreviver na era de encolhimento das revistas (e dos contra-cheques de seus colaboradores), precisei mudar minha carreira inúmeras vezes. Eu escrevi quatro livros por conta própria e sete livros como *ghost-writer*. Também criei uma nova identidade como consultora de marcas de hotéis e estilo de vida. Durante todo esse tempo, escrevi um romance e três roteiros – nenhum dos quais foi vendido, ainda.

Talvez seja por isso que eu me sinto tão atraída pelas pessoas neste livro. Elas não desistiram de um sonho maluco e encontraram sucesso mais tarde na vida. Suas histórias são uma motivação para não desistir. Talvez Hollywood ainda esteja ao meu alcance...

A principal constante na minha carreira foi escrever perfis. Descobri que, não importa quem eu esteja cobrindo – uma celebridade, um empresário, um hoteleiro, designer ou atleta –, eu fico mais interessada pelas pessoas que não tenham seguido um caminho linear. As histórias mais inspiradoras são de gente que um dia decidiu estabelecer um curso totalmente novo para suas vidas, seja por estarem enfrentando um obstáculo ou motivadas por algo maior.

Para este livro, encontrei pessoas que não apenas sonham, mas fazem. Elas mergulharam, voltaram para a escola, encontraram mentores, ignoraram pessimistas e, às vezes, deram passos para trás, na esperança de seguirem em direção à vida que realmente desejavam.

O que eles podem ensinar a você sobre mudar sua vida?

Tudo.

As pessoas que mudaram radicalmente de vida oferecem uma importante inspiração para todos nós. São elas que têm a ensinar a todos que já quiseram trocar de marcha, mas se preocupam com o fato de estarem velhos demais, jovens demais, falidos demais, novatos demais ou até bem-sucedidos demais em outra coisa para realmente fazer isso.

O professor universitário que encontrou a felicidade como agricultor, a profissional de tecnologia que passa seus dias mergulhando ao redor do mundo, a mulher que começou uma marca de beleza quando chegou à idade da aposentadoria. Essas pessoas estiveram onde você está hoje: imaginando se a vida poderia ser melhor. Elas lidaram com amigos desaprovadores, falta de recursos, dúvidas incômodas, uma curva de aprendizado íngreme e outros obstáculos. Suas histórias e conselhos oferecem respostas, orientação e percepção da realidade de largar tudo.

Quando estamos pensando em fazer um movimento, as melhores pessoas para ouvir são sempre as que fizeram isso. Este é o conceito por trás do livro *Largar tudo*. Espero que você termine este livro sen-

"Quando estamos pensando em FAZER UM MOVIMENTO, as melhores pessoas para ouvir são sempre AQUELAS QUE FIZERAM ISSO."

tindo a inspiração de que a mudança real é possível. Este não é um livro sobre explodir sua vida. Então, não corra para o escritório do seu chefe e anuncie que está se mudando para Belize. Siga a sabedoria das pessoas que mudaram suas trajetórias. Comece fazendo uma aula, encontrando um mentor, trabalhando de graça, ensinando a si mesmo uma nova habilidade e veja aonde isso leva você.

Não importa se o que você quer é deixar seu trabalho tradicional das nove às cinco para abrir um bar na praia, tentar algo novo na empresa do outro lado da cidade ou apenas viver através de algumas almas aventureiras, você veio ao lugar certo. Agora, vamos começar.

SARA BLISS

DE — RECEPCIONISTA DE CASA DE LEILÕES

A — ESCRITORA E CONSULTORA DE MARCAS

**COM UM ANO DE FACULDADE NA FRANÇA
ONEIKA RAYMOND**
página 138

**QUANDO VI UMA FOTO RUIM DE
MIM MESMO NO FACEBOOK
KEVIN CURRY**
página 236

**PORQUE FIQUEI FURIOSA POR TER APENAS
UMA LIVRARIA NO BRONX
NOËLLE SANTOS**
página 174

**COM UM BARALHO DE TARÔ PRADA
ANGIE BANICKI**
página 180

**QUANDO EU COMECEI A TER
ATAQUES DE PÂNICO
ERIC GORGES**
página 204

**QUANDO ESCREVI COMO AS COISAS DA
MINHA VIDA ESTAVAM HORRÍVEIS
LEONARD KIM**
página 60

1
LIBERE SEU LADO CRIATIVO

Vender seu roteiro / Escrever quadrinhos / Encontrar um trabalho que faça você feliz / Fazer arte para todos / Ser a estrela de seu próprio programa de TV

VOCÊ ENCONTROU O QUE ILUMINA VOCÊ. Não importa se está no palco, criando personagens, cantando músicas, cobrindo uma tela com cores, tocando as notas mais altas, batendo em um tambor ou imaginando mundos totalmente novos, você descobriu como quer gastar cada segundo livre.

Mas é apenas um hobby. Não vai dar dinheiro. Você está velho demais para começar agora. Isso não é um trabalho de verdade. É isso que você diz a si mesmo? O que você ouve dos amigos?

Existe uma ideia de que ser adulto significa fechar o nosso lado criativo (ou deixá-lo aparecer apenas nos finais de semana). Isso significa concentrar-se apenas na segurança do emprego e no plano de aposentadoria.

É um desafio ganhar dinheiro com arte? Sim. Posso ser testemunha disso. Existe uma quantidade enorme de tempo, pressão e trabalho duro que vem com a tentativa de aperfeiçoar nosso ofício? Sim. Pode ser exaustivo. Mas criar é muito gratificante. É algo incomparável.

Sempre haverá motivos para não mudar, especialmente para a arte, onde o dinheiro é pouco e a concorrência é feroz. Este capítulo celebra as pessoas que descobriram como passar pelos obstáculos que podem surgir em um caminho criativo. Elas trabalharam para aperfeiçoar um ofício no qual eram apenas razoáveis quando começaram. Elas descobriram como rentabilizar o trabalho e encontraram trabalhos paralelos para apoiar o objetivo, quando necessário. Elas superaram a insegurança ou a ideia de que não tinham o que era preciso para ter sucesso. Elas descobriram uma maneira de fazer o que queriam.

Você também pode fazer isso.

VENDER SEU ROTEIRO

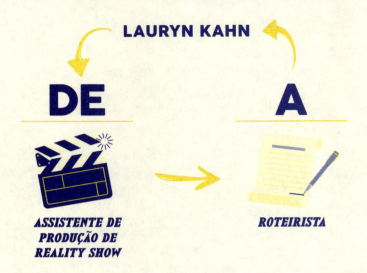

LAURYN KAHN

DE — ASSISTENTE DE PRODUÇÃO DE REALITY SHOW

A — ROTEIRISTA

VIRAR ESCRITORA NÃO ESTAVA nos meus planos. Eu estudei Rádio e TV na Ithaca College. Fiz uma única disciplina de redação no meu último ano e percebi que adorava aquilo. Tive um professor que me disse: "Você tem um estilo original. Você deveria continuar escrevendo." Ainda assim, eu jamais imaginei que daria certo como escritora. Parecia um sonho distante.

Depois da faculdade, trabalhei em Nova York como assistente de produção em reality shows como *The Bachelor* e *Elimidate*. Então me mudei para Los Angeles e continuei trabalhando em produção. Era a base da pirâmide: trabalhava muitas horas por dia ganhando pouco e fazendo de tudo, desde faxina e almoços até limpar xixi de criança.

Por diversão, comecei a enviar e-mails para amigos fazendo observações amarguradas, engraçadas e fora da caixa sobre a vida. Um deles finalmente me respondeu dizendo: "Admita que você tem um blog!". Então, criei um blog chamado *Kahnicles of Life* (um trocadilho com "Crônicas da vida"), apenas para divertir meus amigos e poder desabafar.

Foi quando, como todo mundo em Los Angeles, tive aquele momento em que decidi escrever um roteiro. Só que eu não fazia ideia do que estava fazendo – mal conhecia o formato. Eu não tinha um esboço. Simplesmente comecei a escrever. A mim me pareceu a coisa mais avassaladora, difícil e confusa que alguém pode fazer. Acabei desistindo.

Eu não tinha nenhum amigo que trabalhasse escrevendo ou fazendo comédia até conhecer outra assistente de produção que também queria entrar para esse mundo. O nome dela era Lauren Palmigiano. Foi incrível conhecer alguém como eu. Ela estava fazendo um estágio na série de comédia *Upright Citizens Brigade*. Isso me abriu todo o novo mundo da comédia do qual eu queria desesperadamente fazer parte.

Em 2007, Lauren conseguiu um emprego trabalhando com Adam McKay e Will Ferrell na nova produtora deles, a Gary Sanchez Productions. Aquele realmente pareceu o melhor trabalho de todos os tempos, e eu comecei a incomodar Lauren a respeito de vagas de emprego. Então aconteceu um daqueles momentos de mudança quando Adam estava se preparando para dirigir um filme chamado *Step Brothers* e precisava de um assistente. Lauren conseguiu que eu fizesse uma entrevista, e eu acabei conseguindo o trabalho.

Na semana em que comecei, Adam e Will lançaram o *Funny or Die*, um site para comédias curtas. Ele imediatamente explodiu. Os dois estavam dispostos a dar a todo mundo uma chance de produzir conteúdo para o site, então comecei a ter ideias. Adam me ensinou a escrever esquetes. Ele me achava engraçada, e isso me deu confiança. Ele acabou por ser meu maior mentor.

Eu estava trabalhando como assistente de Adam em tempo integral, mas sempre arranjava tempo para escrever. Quando queremos muito algo, simplesmente fazemos. Escrevi esquetes para o *Funny or Die* por uns dois anos, mas nunca escrevi nada mais longo porque não achava que fosse boa o bastante. Tudo parecia assustador. Adam me disse para simplesmente tentar. O conselho dele: "Escreva o que você quer ver, e não tem como errar". Foi o empurrão de que eu precisava.

Meu primeiro piloto se chamava *Haters*. Era como *Sex and the City* se todas fossem Larry Davids mulheres de Nova Jersey morando em Los Angeles. Eu escrevi como se ninguém fosse ler: a formatação estava errada, não havia três atos, era ridículo e cheio de palavrões. Mas era o que eu gostaria de ver. Adam acabou lendo e não apenas achou que era bom. Ele me disse que achava que eu conseguiria vendê-lo e quis colocar o nome dele como produtor. Foi quando tudo ficou um pouco louco.

Adam fez algumas observações e mencionou meu trabalho para seus agentes. WME (William Morris Endeavor) leu e gostou de verdade. Eles me chamaram e disseram: "Nós não chamamos você porque você é a assistente de Adam, chamamos porque queremos nos concentrar em você". Foi o que me fez assinar.

Acabei vendendo *Haters* para a MTV. Mas não era um programa que fosse o estilo da MTV. Então, mesmo tendo comprado, eles não souberam o que fazer com ele e, como muitas coisas em Hollywood, o roteiro acabou nunca sendo feito. Foi quando meu agente me disse para pensar em um filme.

Eu tinha uma ideia baseada em minha única amiga que era realmente boa em seguir pessoas pela internet. Era sobre namorar na era da internet e ser capaz de descobrir tudo sobre uma pessoa antes de conhecê-la. Desta vez, eu li um grande livro sobre roteiros chamado *Save the Cat*. Aquilo abriu meus olhos. É claro que eu não conseguia escrever um roteiro quando comecei – existe um processo!

Defini um cronograma para terminar o roteiro: fazer o esboço de janeiro a março, escrever de março a junho. Eu escrevia de duas a três páginas por dia.

Quando finalmente terminei, fiz algumas rodadas de anotações com amigos, meus agentes e Gary Sanchez, que estava produzindo, e decidimos que estava pronto. Foi então que nós o enviamos e começou uma guerra de lances. Eu estava ganhando um salário de assistente na época. O piloto de *Haters* havia sido vendido por US$ 18 mil, então, depois da parte dos agentes e dos impostos, eu recebi US$ 8 mil (que era mais dinheiro do que eu jamais tinha visto antes). Para esse script, o preço subiu para US$ 400.000. Naquela noite, quando eu estava voltando para casa, o produtor ligou e me fez voltar para o escritório. Quando cheguei lá, ele disse: "Você precisa tomar uma decisão até as oito da noite. A Fox 2000 está oferecendo um milhão de dólares".

Como meus colegas de trabalho estão sempre fazendo trotes, eu não acreditei. Acho que eu dei uma bronca nele e comecei a sair, mas ele jurou que era verdade. Eu fui do salário de assistente a fechar um negócio de um milhão de dólares em um dia. Foi a coisa mais louca e inesperada que já aconteceu comigo.

No entanto, a realidade de Hollywood é que muitas coisas não são feitas. O filme estava no caminho certo, mas mudou de estúdio, tinha um monte de atrizes diferentes e acabamos tirando cinco semanas da produção por causa de imprevistos. Foi muito triste.

Enquanto isso, continuei escrevendo e pensando à frente em vez de me concentrar no que não estava acontecendo. Eu estava vendendo tudo o que escrevia, o que era emocionante, mas estava pronta para fazer algo. Em 2013, escrevi outro roteiro pelo qual nutria ainda mais carinho, sobre uma viagem maluca minha e das minhas amigas à Espanha. Era tipo uma mistura de *Se beber, não case!* para mulheres com *Encontros e desencontros*. Eu queria que fosse uma história realista e acessível sobre a amizade feminina e aquela sensação que temos quando viajamos de férias para fora do país e podemos ser quem quisermos.

Inicialmente, vendi o roteiro para a Sony, mas, depois de dois anos e muitas observações de diferentes executivos entrando e saindo, ele virou algo que não me orgulhava mais. A essa altura, a Sony havia se tornado um estúdio diferente e simplesmente não ia produzir o filme. Em seguida, uma produtora chamada Good Universe, com quem eu trabalhei no meu primeiro filme, disse que queria voltar ao meu roteiro original e fazê-lo com um estúdio diferente. A Sony liberou o roteiro, que foi comprado pela Netflix, que queria produzi-lo exatamente como nós queríamos. Gillian Jacobs, Vanessa Bayer e Phoebe Robinson interpretam as três amigas, e Richard Madden é o interesse amoroso. O filme se chama *Ibiza: tudo pelo DJ,* estreou em maio de 2018, e você pode assistir na Netflix agora mesmo!

Eu finalmente me sinto confortável ao dizer que sou escritora. A cada ano, fico mais confiante e aprendo mais. Eu realmente acredito que, se você tem uma voz ou uma história para contar, pode chegar lá. Acho que a parte mais difícil é começar. Tenho muitos amigos com uma ideia em mente, mas poucos realmente escrevem e poucos dedicam tempo para trabalhar nisso, pedir observações das pessoas e se ocupar disso. Não precisa ser perfeito, só precisa ser feito.

Eu fui do salário de assistente a fechar um negócio de UM MILHÃO DE DÓLARES em um dia.

SER ARTISTA
(SEM A PARTE DA POBREZA)

HÁ ALGO EXTRAORDINARIAMENTE alegre na arte colorida de Lisa Congdon. Lisa deixou uma carreira na educação para se tornar ilustradora em tempo integral aos 40 anos. Autora de sete livros, incluindo *Art, Inc.: The Essential Guide for Building Your Career as an Artist* (Arte Inc.: O guia essencial para construir sua carreira como artista), Lisa fez questão de mostrar que o mito do artista faminto está errado.

Que trabalhos você teve antes de se tornar uma artista? Houve alguma conexão entre eles?

Eu fui professora por sete anos antes de trabalhar em uma instituição sem fins lucrativos onde gerenciei projetos e escrevi e colaborei com colegas. Quando deixei esse emprego para me tornar artista, nunca me ocorreu que eu voltaria a usar aquelas habilidades. Eu tinha essa ideia de que estava abandonando aquela vida para sentar diante de uma mesa de desenho, beber chá e ouvir a rádio pública. O que precisei aprender rapidamente foi que, se quisermos ser bem-sucedidos e ganhar dinheiro, precisamos nos comunicar bem com as pessoas, gerenciar nossa agenda e administrar um negócio.

Por que você decidiu seguir especificamente a ilustração?

Eu comecei trabalhando com artes plásticas, mas passei rapidamente para a ilustração. Como artista plástica, eu tinha mais liberdade em termos do que criava, mas vender arte original é uma maneira muito difícil de ganhar dinheiro. Além disso, sendo sincera, a ilustração era uma maneira pela qual eu poderia ganhar a vida. Eu era paga pelo licenciamento do meu trabalho, fazendo trabalhos por encomenda ou ilustrando livros.

Você tinha 40 anos quando começou sua carreira como ilustradora. Quais foram os prós e os contras de começar nessa idade?

De certa forma, eu tive uma vantagem porque tinha muito trabalho e experiência de vida, mas tinha muita concorrência em termos de disputa pelos mesmos trabalhos de ilustração. Eu precisei encontrar uma maneira de me destacar. Eu tive dúvidas, mas como já tinha 18 anos de experiência de trabalho, sabia que, se trabalhasse muito em alguma coisa, inevitavelmente iria melhorar.

Você teve um mentor?

Eu tive sorte. Logo no início da minha decisão de me tornar ilustradora, procurei uma agente bem conhecida, Lilla Rogers. Eu conheci alguém que era representado por ela e falou em meu nome. Ela foi realmente fundamental como mentora. Acho que ela gostou do fato de eu ser mais velha e bem flexível. Eu tinha algumas habilidades básicas e boas ideias, só precisava de mais prática e alguém para me ensinar o caminho.

Que preparativos financeiros você precisou fazer quando fez a transição de emprego?

Comecei passando a trabalhar meio período na instituição sem fins lucrativos por seis meses. De lá, fiz a transição para freelancer para meu antigo empregador e também abri uma loja de presentes com um amigo. Isso complementou minha renda por três anos antes de passar a dedicar 100% do tempo à arte. Durante esses anos, terminei de pagar US$ 60 mil de dívidas que havia acumulado. Eu entendi que, para o curto prazo, eu precisaria fazer sacrifícios e cortar coisas como fazer compras, comer fora e outros luxos.

Como você tornou sua carreira como artista financeiramente viável?

Comecei a colocar trabalhos para circular antes de eles estarem perfeitos ou prontos, apenas pela prática de fazer isso e entender o que tocava as pessoas e o que não surtia efeito. No primeiro ano como artista em tempo integral, ganhei US$ 50 mil dólares. Naquela época, eu havia conseguido um trabalho de ilustração de livro, meu primeiro contrato de livro, e minha loja Etsy estava começando a fazer vendas regulares. Isso não chegava nem perto do que eu estava ganhando quando deixei a minha carreira no mundo das organizações sem fins lucrativos, que estava perto de US$ 100 mil por ano, mas eu tive a sensação de ter conseguido algo incrível. Aos poucos, ao longo dos anos, continuei aumentando a minha renda. Conforme se constrói o portfólio, mais oportunidades chegam.

ENTÃO VOCÊ QUER...
VENDER A SUA ART

Se você tem esperança de que seu trabalho artístico seja algo pelo que alguém queira pagar, tome nota dos cinco principais conselhos de Lisa Congdon.

COMECE

Meu mantra sempre foi: comece de qualquer maneira. É mais fácil não fazer algo do que fazer, especialmente porque ser criativo significa ser realmente vulnerável. Você precisa vencer isso, aparecer e se obrigar a praticar sua arte todos os dias.

ENCONTRE UM MERCADO PARA O SEU TRABALHO ON-LINE

Existem várias plataformas nas quais você pode ensinar e vender sua arte. Eu dou aulas nos sites Creativebug, CreativeLive e Skillshare, além do meu próprio site. Eu também vendo meu trabalho no Etsy. Essas opções não existiam 10 ou 15 anos atrás.

APROVEITE AS MÍDIAS SOCIAIS

Compradores, diretores de arte e galeristas estão encontrando novos artistas procurando on-line. Por isso, amplie sua presença on-line. Quando comecei, lembro de ter a sensação de ser gigolô do meu próprio trabalho. Parecia meio desagradável, mas então eu percebi que era isso que eu precisava fazer. Passei a vender meu trabalho como algo de que eu me orgulhava e compartilhava pequenos pedaços de mim mesma para que o público também pudesse ver a pessoa por trás dos quadros. Eu criei um público.

FIDELIZE CLIENTES

A fim de manter seus clientes e obter novos, você precisa fazer seus clientes atuais felizes. Você tem que fazer um bom trabalho e transformar as coisas na hora certa. Quanto mais fizer isso, maior a chance de conseguir outra tarefa.

TIRE FOLGAS

Deixe tempo para se regenerar criativamente, senão você vai se esgotar. Descubra como ter uma vida fora do trabalho, porque assim você terá mais para dar. Eu descobri que ser mais exigente quanto a aceitar ou não projetos não afetou meu sucesso financeiro. Estou me saindo melhor do que nunca e me sinto mais feliz.

ESCREVER QUADRINHOS

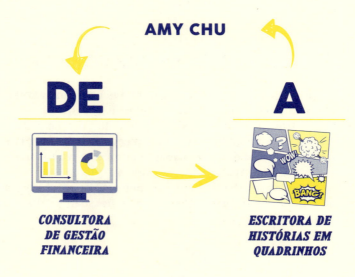

AMY CHU

DE: CONSULTORA DE GESTÃO FINANCEIRA

A: ESCRITORA DE HISTÓRIAS EM QUADRINHOS

"Ao contrário de quem trabalha com negócios, pessoas criativas se importam muito mais."

ATERRISSANDO EM UM TRABALHO
Eu me formei na Harvard Business School e não fazia ideia do que viria a seguir. Todo mundo quer encontrar sua paixão, mas se você não sabe qual é essa paixão, simplesmente faz o que está disponível. Eu acabei em consultoria de gestão financeira.

CRIANDO UMA STARTUP
Em um evento de ex-alunos de Harvard, minha amiga Georgia Lee teve uma ideia para uma startup: quadrinhos para jovens adultos. Na época, os quadrinhos tradicionais eram muito masculinos. Nós víamos nossos quadrinhos como mais afirmativos e com melhores modelos para meninas e mulheres.

ENTRANDO NA DIMENSÃO DOS QUADRINHOS

A ideia era Georgia escrever os quadrinhos e fazer o lado criativo, enquanto eu lidaria com o lado dos negócios. Fiz uma aula de redação on-line, em parte como brincadeira e em parte apenas para entender o processo criativo. Colocava meus dois filhos na cama, me conectava e o grupo era todo masculino, formado por fãs ávidos de quadrinhos. Toda a turma conhecia todos os personagens de quadrinhos, enquanto eu tive que procurar tudo na Wikipédia, pensando: "Que erro terrível".

DESCOBRINDO UM NOVO TALENTO

Uma das tarefas das aulas era escrever uma história de cinco páginas – começo, meio e fim. Na verdade, é muito difícil escrever uma história completa em cinco páginas, e metade da turma não conseguiu. Eu escrevi a minha, e o professor adorou. A maioria dos novos escritores escreve demais, mas minha experiência em escrever apresentações em PowerPoint acabou me ajudando a ser mais sucinta.

INVESTINDO EM UMA NOVA CARREIRA

Georgia foi dirigir um filme e escrever para a TV, mas eu ainda queria criar quadrinhos. No ano anterior, eu tive câncer de mama em estágio inicial, o que me fez pensar: "O que estou fazendo com a minha vida?". Eu era casada. Eu tinha seguro-saúde e poupança. Eu estava entre um trabalho de consultoria e outro. Então eu decidi ir fundo e experimentar essa coisa de quadrinhos. Eu adorei de verdade. Fiz aulas de arte, aulas de redação, de edição – todas as aulas necessárias para se produzir um livro.

AUTOPUBLICAÇÃO

Eu decidi escrever vários contos, um em cada gênero: ficção científica, super-heróis, fantasia e até romance. Eu achava que, quanto mais histórias fizesse, mais chances teria de pelo menos uma delas inspirar alguém a me contratar ou comprar meu trabalho. Minhas antologias foram produzidas profissionalmente. Tinha citações e códigos de barras na contracapa. Eu trabalhei com artistas profissionais. Eu não queria parecer amadora.

INVADINDO A ÁREA

Quem quer entrar no negócio de quadrinhos precisa saber que é incrivelmente difícil. Tudo é controlado por um único distribuidor. Eles têm uma política de pagamento adiantado, sem reembolso, o que significa que as lojas de quadrinhos não têm absolutamente nenhum incentivo para comprar qualquer coisa diferente do que têm a certeza de que seu cliente vai querer. Para entrar, você terá de se autopublicar, frequentar as convenções, fazer vendas no corpo a corpo, ser seu próprio RP e tentar criar sua própria base de fãs on-line. E eu fiz isso tudo. Envolve muito empreendedorismo.

ENTRANDO NO PRIMEIRO TIME

Um ano depois de publicar por conta própria, tive a chance de me apresentar à DC Comics. Consegui vender uma história chamada "So Blue". Era sobre uma cantora mais velha em Detroit que conhece sua rival mais jovem, vagamente baseada em Madonna cruzando com Taylor Swift. Então fiz uma história da Mulher Maravilha, depois uma Hera Venenosa. Agora trabalho em tempo integral escrevendo quadrinhos para editoras.

DESTACANDO-SE

Escrevo mulheres inteligentes e fortes. Sei que não deveria ser tão incomum, mas é. Hera Venenosa é uma cientista, então, eu a escrevi como inteligente e poderosa. Como Red Sonja existe desde os anos 1970, minha opção foi trazê-la para os dias de hoje e vesti-la com calças. Como fiz isso de forma muito sutil, ninguém diz: "Oh, meu Deus, uma feminista assumiu a série!". Eu a faço andar de motocicleta, e se ela está de motocicleta, precisa usar calça.

TORNANDO OS QUADRINHOS MAIS INCLUSIVOS

Eu tento encontrar o núcleo do personagem e ser coerente com ele, mas de uma forma que atraia novos leitores. Minha grande crítica aos quadrinhos é que eles podem ficar muito presos atendendo a fãs mais velhos de um determinado grupo demográfico. Então, sinto que meu trabalho como escritora mais nova, do sexo feminino e não branca é abrir a história para novos leitores, mas mantendo o leitor antigo. Se conseguir fazer isso, vou considerar um sucesso e tanto.

SENDO MULHER EM UM NEGÓCIO DOMINADO POR HOMENS

Muitas mulheres entraram e saíram do mundo dos quadrinhos por uma série de razões. Eu decidi que não vou ficar de fora dessa indústria. Estou dentro e vou continuar assim.

AJUDANDO OUTRAS MULHERES A TER SUCESSO

Recentemente, houve uma mudança, e as mulheres ficaram com muito mais visibilidade. Estou fazendo um enorme esforço para ajudar. Quando percebi que era a única mulher em muitos painéis, soube que precisava falar com os organizadores, apresentar uma ideia de painel e enchê-lo de mulheres. Existem muitas mulheres por aí. Elas simplesmente não estão sendo chamadas para fazer nada. Há muitas artistas femininas, menos escritoras femininas, mas isso está mudando.

VALORIZANDO OS FÃS

Eu estava em um painel falando sobre o meu trabalho, e uma mulher veio até mim e começou a chorar, dizendo o quanto minha presença como mulher era importante para ela. A base de fãs de quadrinhos é realmente apaixonada por seus personagens e por esse mundo. Ao contrário de quem trabalha com negócios, pessoas criativas se importam muito mais. Ter alguém realmente sendo afetado pelo meu trabalho é tipo: "Nossa! Eu estou em um mundo totalmente diferente do que estava antes".

ANTES DE SEREM ESCRITORES DE SUCESSO

Vários escritores tiveram outras carreiras antes de chegar às listas de best-sellers. Aqui estão apenas alguns.

TONI MORRISON
Editora

JOHN GRISHAM
Advogado

KURT VONNEGUT
Proprietário de uma concessionária de carros

HARPER LEE
Agente de emissão de passagens aéreas

STEPHEN KING
Zelador de escola

JOHN GREEN
Capelão

AMY BLOOM
Terapeuta

AMOR TOWLES
Banqueiro de investimento

ENTÃO VOCÊ QUER... ESCREVER UM ROMANCE

Cristina Alger trabalhou como analista da Goldman Sachs e depois foi advogada corporativa antes de seu primeiro romance, The Darlings, *se tornar um sucesso. Atualmente trabalhando em seu quarto livro, Cristina compartilha suas melhores dicas para candidatos a escritores.*

LEIA, LEIA, LEIA

Tanto quanto puder, em todos os gêneros e mídias. Não há professor maior do que uma estante bem escolhida.

ASSISTA A LEITURAS PÚBLICAS

Toda vez que eu fui a uma palestra de um escritor sobre o trabalho dele, saí com algo valioso – desde a recomendação de um livro até uma dica sobre a estruturação de um esboço.

NÃO ESCREVA PARA UM PÚBLICO

Escreva para você. Se você quer ler alguma coisa, é provável que outra pessoa também queira.

TERMINE UM PROJETO

Agentes literários conversam com muitos aspirantes a escritores que têm vinte ou cem páginas do que acreditam ser uma obra-prima. E pode muito bem vir a ser – se vier a ser feito. A palavra FIM é o que mais atrai a atenção de um agente. Ela sinaliza que você tem o que é necessário para o trabalho.

NÃO DEIXE O PERFEITO SER O INIMIGO DO BOM

A primeira vez que enviei um esboço do meu primeiro romance a uma agente, ela disse: "Você sabe como nós, agentes, chamamos a maioria dos primeiros esboços? Ventania. Como se algo tivesse sido atirado na página." Fiquei horrorizada, mas ela na verdade falou isso como um elogio. Eu tinha conseguido colocar minha história na rua. Não estava bonita e precisava de muita limpeza, mas isso não era um problema.

COMPROMETA-SE COM O SEU PROJETO

Reserve um tempo na agenda para escrever, como faria com qualquer outro compromisso. A maioria dos escritores tem outro trabalho durante o dia. Eles reservam o tempo antes do trabalho, tarde da noite, nos finais de semana. Toni Morrison acordava todos os dias às 5 da manhã antes de ir para o trabalho em uma editora para escrever *O olho mais azul*. Dá para fazer. É preciso apenas planejamento e acompanhamento.

LEMBRE-SE DE QUE ESCREVER É UM NEGÓCIO

Se você quer ser um escritor de verdade, comece a pensar como tal. Apareça. Produza seu trabalho. Cumpra seus prazos autoimpostos. Haverá muitas ocasiões em que uma pia cheia de louças, a festa de aniversário de um amigo ou um filho doente o chamarão para longe da sua escrita como um canto de sereia. Você não deve ceder. (A não ser com o filho doente.)

ENGROSSE A CASCA

Eu achava que tinha a casca grossa. Eu trabalhei em finanças por muitos anos. Teve gente que me xingou, gritou comigo, me assediou e me constrangeu tantas vezes que não consigo nem contar. E nada disso se compara à tenebrosa e horrível ferroada de uma crítica negativa ou um e-mail pessoal desagradável de um leitor furioso. Escritores são crucificados. Publicamente. É horrível. Um dia, minha agente me disse para procurar pelas resenhas de uma estrela da Amazon sobre alguns livros que ambas concordávamos que eram sucessos de crítica e público. E sabe de uma coisa? Elas existem. Tem gente que odeia *A era da inocência*. Alguns pensam que Tom Wolfe é um idiota. Ler essas coisas não necessariamente me faz sentir melhor sobre ser chamada de picareta sem talento, mas é meio que um bálsamo. Não se pode agradar a todos. Especialmente na Amazon.

PERMITA-SE FALHAR

Eu conheço muitos escritores brilhantes que passaram anos trabalhando em projetos que depois perceberam que não valia a pena mostrar aos agentes. Alguns publicaram livros que são fracassos totais e absolutos. Mas todos eles seguiram em frente. E graças a Deus fizeram isso, caso contrário não teríamos todos os lindos livros que foram escritos depois do fracasso. Não pense naqueles como dias desperdiçados. Pense neles como tempo dedicado a aprimorar seu ofício.

ENCONTRAR UM TRABALHO QUE FAÇA VOCÊ FELIZ

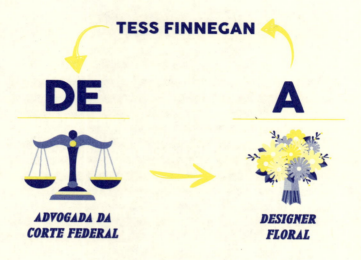

LEVEI DEZ ANOS pensando em mudar de vida antes de fazer isso. Eu não era infeliz como advogada, mas sabia que queria alguma outra coisa. Peguei um livro de Danielle LaPorte chamado *The Desire Map* (O Mapa do Desejo). O que ela diz é basicamente o seguinte: não se trata apenas de estabelecer metas e atingi-las, mas de focar em como queremos nos sentir quando estamos vivendo nossas vidas. Para mim, foi uma ótima maneira de voltar ao que eu queria fazer. Então eu pensei: "Muito bem, como eu me sinto sendo advogada? Eu avanço a dois quilômetros por minuto. Sou paga para lutar. Tenho um monte de doenças provocadas pelo estresse." É um sistema contraditório, que cobra seu preço.

Ser advogada provoca muita empolgação, e esse barato de adrenalina leva muito longe por muito tempo, mas o que eu realmente queria era mais sustentável. Eu queria um trabalho que me desse energia, não um trabalho que me deixasse esgotada. Eu queria que sobrasse muito para meus filhos. Eu queria ter de volta aquela faísca, mas pensava: "Como vou fazer isso?".

Quando meu filho tinha um ano de idade, pedi demissão do Departamento de Justiça. Meu segundo filho chegou um ano depois, e logo tentei reiniciar minha carreira, procurando por empregos mais tranquilos no direito. Como havia estudado latim, grego, arte e arqueologia na faculdade, pensei em praticar direito da arte. Então eu tive meu terceiro filho, e tudo desabou. Eu não achava que seria capaz de fazer qualquer coisa em advocacia até ter meu cérebro de volta. Eu estava recebendo várias oportunidades na área, mas não conseguia me obrigar a aceitá-las. Recebi um convite para editar livros didáticos legais, e tudo o que eu via era uma grande pilha de papéis com textos escritos em preto. Trabalhei um pouco como assistente de lobista. Eu estava completamente perdida tentando descobrir o que me faria decolar.

Eu costumava passar caminhando pela frente de uma linda floricultura em Georgetown e tinha uma fantasia em que me via dentro da loja com um cachorro. Eu não achava que isso daria em alguma coisa, mas também nunca abandonei a ideia. Eu não sabia se tinha algum talento, mas adorava flores e estava sempre fazendo arranjos para minha casa e meu escritório.

Durante esse tempo, montei um conselho diretivo para mim mesma com seis amigos empreendedores. Tirei três ideias diferentes deles: um aplicativo de viagens, um site para informar escolas a respeito de crianças com alergias alimentares e uma floricultura. A resposta de um amigo foi: "Uma delas é muito cara para ser lançada. Uma pode ser triste. O que você sabe sobre flores? Você sabe como administrar um negócio?". Eu disse a ele que não, mas que queria fazer isso. Ele fez parecer muito simples: "Por que você não arranja um emprego em uma floricultura? Não conte a ninguém. Apenas veja se você gosta." Eu pensei: "Isso é muito fácil! Por que fiquei tanto tempo pensando nisso?".

Então parti para a ação. Naquele dia, larguei duas crianças na escola e pendurei a terceira no quadril ao entrar na Ultra Violet Flowers e perguntar se estavam precisando de ajuda. Acontece que o proprietário gostou da ideia de ter ajuda extra. Ele perguntou se eu era organizada. Claro que era, tendo sido advogada. Foi um exemplo de contratação por atitude, não por aptidão. Eu comecei na semana seguinte.

Era um ótimo trabalho. Eu fazia tudo. Varria o chão, organizava objetos de vidro e atendia telefone. O dono me adotou e me ensinou tudo o que sei sobre o negócio e sobre flores. Eu comecei ganhando US$ 11 por hora. Depois de nove meses, virei gerente e passei a receber US$ 16 por hora.

Um ano depois, o dono pegou um filhote de cachorro, e eu pensei: "Este é um sonho que se tornou realidade: eu estou nesta loja arrumando flores ao lado de um cachorro". Mas também pensei: "Nada disso é meu". Minhas babás ganhavam mais do que eu, e eu estava pronta para começar algo por mim mesma, então, abri a Green Hydrangea Flowers. Agora tenho um estúdio floral na minha garagem. Não atendo ninguém que esteja passando pela frente. Quando as pessoas aparecem do nada, querem gastar US$ 30. Quando ligam, elas querem algo maior.

Eu ainda sinto falta do meu salário de advogada. Finalmente consigo pagar as prestações da minha casa, mas já se passaram três anos. Talvez daqui a alguns anos, quando as crianças estiverem mais perto de ir para a faculdade, eu precise fazer escolhas diferentes, mas, por enquanto, está funcionando.

Como eu me sinto? Ser florista é o oposto de trabalhar com litígio, onde se está constantemente em alerta e todo mundo está com raiva. Eu fico muito alegre quando estou cercada de flores. Adoro inclusive o trabalho de preparação. Adoro estar sempre cercada de beleza. Eu particularmente adoro o valor das pessoas dizendo "eu te amo" ou "obrigado" ou "feliz aniversário". Adoro que estejamos criando este pequeno sistema de alegria, felicidade e beleza através das flores.

CRIAR INTERIORES IMPRESSIONANTES

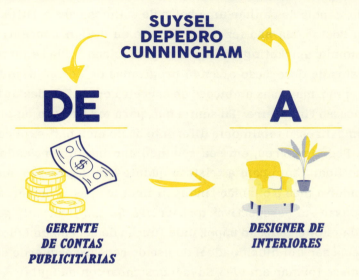

SUYSEL DEPEDRO CUNNINGHAM

DE GERENTE DE CONTAS PUBLICITÁRIAS

A DESIGNER DE INTERIORES

"Se meu pai soubesse que havia carreiras como essa, poderia ter ganhado dinheiro."

A CRIATIVIDADE ESTÁ NOS GENES da designer Suysel dePedro Cunningham. O pai dela, Pedro, fazia à mão vestidos deslumbrantes de casamento, aniversários de quinze anos e figurinos para artistas – incluindo a sensação pop Menudo, nos anos 1980. No início da adolescência, Suysel o ajudou, costurando pérolas e lantejoulas em vestidos e arrumando flores para eventos. Naturalmente, ela gravitava em direção ao design e à cor. "Eu sempre estive cercada por tecidos coloridos, detalhes e acabamentos", diz ela, lembrando de sua infância em West Hartford, Connecticut. "Nunca havia nada marfim, preto ou básico em minha vida."

O problema era que, embora Suysel associasse a criatividade à alegria, ela também a relacionava com instabilidade financeira e avisos de despejo na porta da frente. "Nós nos mudávamos o tempo todo, porque meus pais não conseguiam pagar aluguel. Não havia isso de abrir as contas e pagá-las. Eles apenas as empilhavam", explica ela. "Na minha cabeça, qualquer coisa artística e criativa não gerava dinheiro. Não havia ninguém que gostasse mais do trabalho do que meu pai, e ele não conseguia ganhar dinheiro.

Então, depois de ganhar uma bolsa de estudos para a Tufts University, em Boston, ela não fez aulas de arte ou design, concentrando-se em economia, marketing e relações internacionais. Ela se fartava lendo revistas de decoração e vendo programas de design de interiores por diversão, mas suas ambições de carreira eram focadas unicamente no sucesso financeiro. "Eu sentia que, para ter sucesso, eu precisava ir em uma direção totalmente diferente da do meu pai", explica Suysel. Quando Pedro morreu, em seu segundo ano na universidade, Suysel precisou lidar tanto com a tristeza quanto com a pressão que sentia para ajudar a mãe e o irmão financeiramente após a formatura.

Ao pensar em perspectivas de carreira, Suysel ficou intrigada com a ideia da publicidade. No papel, uma função de gerenciamento de contas parecia ser um híbrido ideal do uso do cérebro esquerdo e direito. Depois de se formar em 1998, Suysel desembarcou na Ogilvy & Mather, uma das principais agências de publicidade do mundo, com um salário de US$ 28.000. Para Suysel, parecia muito. Além disso, era o suficiente para cobrir as próprias despesas e pagar pelo carro da mãe.

As habilidades técnicas e o conhecimento de espanhol de Suysel provaram ser um trunfo, colocando-a no novo departamento interativo da agência. Nos cinco anos seguintes, ela trabalhou em três agências diferentes, aumentando o salário a cada troca de emprego. Apesar do sucesso, ela não era especialmente apaixonada pelas vendas intermináveis e por apagar incêndios. Ela se via com inveja da equipe criativa que sonhava as campanhas. No entanto, eles eram artistas e escritores, e ela não se via naquele lado do negócio. Isso, no entanto, abriu os olhos dela para a ideia de que a estabilidade financeira e a criatividade podiam andar de mãos dadas. "Eu me lembro de pensar: se meu pai soubesse que havia carreiras como essa, poderia ter ganhado dinheiro".

Então, em 2002, o mercado entrou em crise e Suysel foi demitida. Mesmo que não gostasse de sua carreira, ela seguiu no piloto automático, voltando a atenção para buscar outro emprego em publicidade. Foi a cunhada dela que pensou que o tempo livre poderia servir para uma redefinição, perguntando: "O que você faria se pudesse fazer qualquer coisa?". Fazia anos que Suysel era fascinada com o mundo do design de interiores e, pela primeira vez, revelou que ser decoradora seria o emprego dos seus sonhos, mas não levou a conversa a sério.

Por ironia do destino, no dia seguinte, sua cunhada recebeu um e-mail de um amigo que estava deixando seu emprego como assistente do designer de interiores Markham Roberts. Como era uma função de assistente pessoal, o fato de ela não ter experiência em decoração não era um problema. Olhando para o lindo portfólio de Markham, ela soube que queria passar seus dias naquele mundo.

Durante a entrevista, Suysel argumentou de maneira convincente que sua experiência trabalhando com clientes, fazendo propostas, vendendo e gerenciando seria uma qualidade. Ela também tinha a oferecer habilidades em tecnologia, internet e mídias sociais. "Markham não tinha um site naquele momento e não achava que precisava de um. Eu disse a ele todos os motivos pelos quais precisava ter. Além disso, eu falei: Também farei suas reservas para jantar, não estou acima disso." Ela foi contratada.

O trabalho pagava um terço de seu salário anterior. Mas com a indenização, o uso de parte de suas economias e os benefícios do seguro de saúde do trabalho do marido, a perspectiva não parecia tão apavorante. "Eu era casada. Tinha mais estabilidade financeira. Eu era muito motivada. Sabia que não havia como voltar para como as coisas eram quando eu era menina", diz ela.

O objetivo final era montar seu próprio negócio de design de interiores, e aprender com um designer de sucesso sendo paga para isso parecia ser uma escolha melhor do que pagar pela escola de design de interiores e começar do zero.

Depois de cinco anos trabalhando com Markham, Suysel abriu sua própria empresa. Ela se juntou a outra ex-assistente de design, Anne Maxwell Foster. "Nós nos identificamos pela forma como começamos nossas carreiras em publicidade, detestando isso com intensidade e, em seguida, acabamos no design", diz Anne. Depois que Suysel deu à luz sua filha, Cecilia, as duas passaram seis meses imaginando e planejando cada aspecto da nova empresa. Elas trabalharam com branding e mídias sociais, criando o logotipo e o site e aprimorando o estilo delas.

Sem clientes oficiais, elas projetaram a casa de Suysel e a usaram para lançar o site e as páginas de mídias sociais. Com milhares de seguidores no Twitter, foram notadas. No primeiro ano de negócios, foram consideradas designers de interiores em quem prestar atenção pelas revistas Traditional Home e Lonny. Oito anos mais tarde, as duas são designers disputadas trabalhando em projetos por todo o país e projetando sua própria linha de tecidos para o Robert Allen Duralee Group, além de revestimentos de parede para a Hygge & West.

"Dizem que, se amamos o que fazemos, o dinheiro vai chegar", diz Suysel. "Para mim, isso foi melhor do que focar apenas na renda e ser infeliz. Design é definitivamente a minha vocação."

FAZER ARTE PARA TODOS

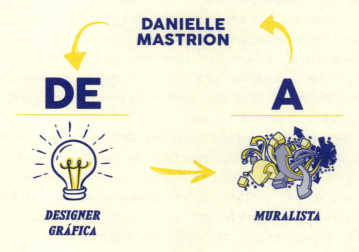

EU SEMPRE SOUBE QUE QUERIA ser artista em tempo integral, mas houve desvios no percurso. Frequentei a Parsons e estudei ilustrações, mas a pressão de ter empréstimos estudantis e pagar aluguel significava que eu precisava conseguir um emprego em tempo integral imediatamente. Comecei a trabalhar como assistente de artista em diferentes estúdios e galerias. Durante cerca de três anos, fiz de tudo, de manusear obras de arte a design gráfico, passando pelo trabalho geral de assistente de galeria.

Eu aproveitei esses trabalhos iniciais. Aprendi como a arte é empacotada para entrega, como pendurar uma obra corretamente em uma exposição, como criar materiais promocionais, como organizar um site e como a arte é precificada e vendida. Observei curadores falando com clientes e compradores. A experiência que eu consegui nesses trabalhos foi muito importante para a minha carreira. São as coisas que não ensinam na faculdade.

Com minha experiência em design gráfico, acabei conseguindo um emprego em tempo integral trabalhando em uma pequena agência boutique de publicidade em Midtown. O trabalho era muito exigente.

Eu trabalhei 10, 11, 12 horas por dia durante cerca de dois anos seguidos. Embora eu estivesse trabalhando em uma área criativa, ainda estava atrás de um computador. Eu não estava desenhando. Mal estava pintando por causa das exigências do meu trabalho diário. Tinha a sensação de que poderia estar trabalhando como contadora. A falta de liberdade, a falta de estar ao ar livre, além de ficar sentada durante 12 horas por dia sem pintar, tudo isso provocava ataques de ansiedade constantes. Depois de lidar com o estresse por vários meses, tomei a decisão de pedir demissão.

Eu tinha parentes morando por todo o país e fui visitá-los. Não gastei muito dinheiro e consegui uma folga do burburinho de Nova York. Voltei depois de alguns meses e comecei a trabalhar como garçonete. Pensei que poderia trabalhar à noite e ganhar algum dinheiro enquanto decidia o que pretendia fazer.

Recebi uma oferta para trabalhar em outro escritório como ilustradora, designer gráfica e designer de camisetas. Pedi demissão do trabalho de garçonete para fazer uma tentativa. Era uma empresa só de mulheres, e elas queriam que eu desenhasse, pintasse e ilustrasse suas camisetas. Eu adorava a empresa, mas ainda estava sentada atrás de uma mesa. A empresa diminuiu e eu fui demitida daquele trabalho, o que foi uma bênção. Eu nunca mais queria voltar a trabalhar em um escritório.

Participei de mais eventos de pintura ao vivo, como o Art Battle, onde os artistas completam uma pintura ao longo de uma noite. Também comecei a ir para eventos de murais e conhecer uma comunidade de artistas.

Comecei a trabalhar como guia de turismo enquanto avaliava o que queria fazer no mundo da arte. Foi a melhor decisão. Eu sou de Nova York e sempre tive afinidade com a cidade e sua história. São apenas algumas horas por semana, e ganho muito bem por pouco tempo de trabalho. Agora minha atividade principal é pintar, mas, na verdade, ainda trabalho como guia por ser desafiador e eu adorar o trabalho.

Por meio de minhas conexões nos eventos de pintura ao vivo, fui convidada para participar de alguns festivais de murais. Eu dei uma chance e foi ótimo. Essa atividade preenche todos os requisitos: eu es-

Essa atividade preenche todos os requisitos: eu estou pintando, eu estou ao ar livre e estou interagindo com as pessoas.

tou pintando, eu estou ao ar livre e estou interagindo com as pessoas. Minhas pinturas são naturalmente grandes, e a escala e o aspecto físico desse trabalho combinaram comigo. Pintar murais me tornou mais feliz do que eu jamais havia sido antes. Eu encontrei meu nicho.

Quando comecei, era um monte de festivais de bairros ou murais locais, festas de bairros ou eu abordando uma empresa e perguntando se podia pintar a parede deles. Percebi que cada mural que faço é publicidade gratuita. Eu sempre deixo minhas informações de contato na parede com a minha assinatura. Muitas pessoas começaram a ver meu trabalho, e isso acabou levando um restaurante ou um bar a ver o tipo de trabalho que gostaria de ter em seu estabelecimento. Proprietários de restaurantes geralmente têm duas ou três unidades, e eu acabo pintando todas elas.

A maior parte do meu trabalho em murais agora é baseada em comissão, e muitos são projetos da cidade. Eu acabei de fazer um enorme mural para o Aquário de Nova York. Eu faço muitos restaurantes, cafés, bares e casas noturnas. Meu favorito é o trabalho que fiz em Coney Island. É o bairro em que minha mãe se criou, em que eu me criei, e eu finalmente estou conseguindo devolver algo ao lugar que me deu tanta felicidade durante toda a minha vida. Como nova-iorquina, conseguir trabalhar para instituições históricas como o Luna Park, o Deno's Wonder Wheel e o Cyclone é incrível.

Sou procurada por muitas organizações de direitos humanos, abrigos de mulheres e organizações contra armas que querem murais que transmitam suas mensagens. Eu pintei um imenso contra armas na West 30th Street e na Surf Avenue. Esse mural teve um significado muito grande para mim, porque eu sei que a violência armada infelizmente ainda atormenta a vizinhança. Os alunos do Art Start me ajudaram a pintar, e muitas das imagens vieram das minhas conversas com eles.

Os murais realmente se conectam com as pessoas e as comunidades. O que eu adoro na arte pública é que ela está disponível para todos. Muitas pessoas têm medo de ir a galerias ou museus. Elas pensam: "Eu não pertenço *àquele lugar* ou não sei nada sobre arte". Os murais são uma maneira de combater essa mentalidade e tornar as obras de arte gratuitas e visíveis para todos.

ARRASAR EM UMA CARREIRA
NA QUAL VOCÊ NÃO TEM EXPERIÊNCIA ALGUMA

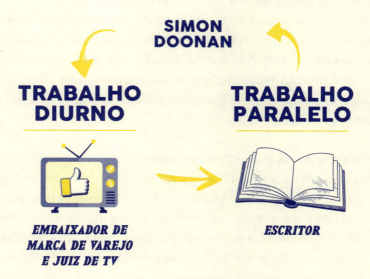

COM SEU SENSO DE MODA, senso de humor seco e a função de embaixador criativo da Barneys New York, não é surpresa que Simon Doonan seja um queridinho da mídia. Ele também faz parte da mídia, escrevendo livros inteligentes, afiados e espirituosos, além de ensaios para publicações como o Slate. Simon tem uma voz que é instantaneamente reconhecível (algo que todos os escritores matariam para ter), e por isso fiquei chocada quando ele me disse que não tinha escrito uma palavra sequer até os 46 anos. Veja como Simon passou de não escrever nada para escrever best-sellers.

O que fez você de repente querer começar a escrever aos 46 anos?

Tudo aconteceu por acaso. Eu estava trabalhando em um livro ilustrado sobre minha carreira de decorador de vitrines, e Nicholas Callaway, o editor, me pediu para escrever uma introdução. Eu vomitei um monte de coisas sobre a minha infância maluca na Inglaterra e como isso me deu um ponto de vista idiossincrático que acabou encontrando o caminho para os meus projetos malucos de vitrines. Nick me ligou gritando de entusiasmo: "Escreva mais!".

Como foi o processo de escrever seu primeiro livro?

Trabalhando com uma ótima editora, Antoinette White, acrescentei mais texto ao que anteriormente era apenas um livro simples de imagens. *Confessions of a Window Dresser* (confissões de um vitrinista) recebeu muita atenção. Madonna comprou os direitos do filme, e minha vida acelerou nesta direção glamorosa e emocionante que eu jamais poderia ter previsto.

O livro abriu novas portas literárias para você?

Depois que *Confessions* saiu, no final dos anos 1990, Peter Kaplan, o grande editor da New York Observer, ligou e me pediu para escrever uma coluna de estilo regularmente. Impulsivamente, respondi que "Siiiiiiim!" Comecei a escrever a coluna enquanto trabalhava em tempo integral na Barneys. Eu costumava acordar às 5h30, martelar o teclado do computador e, em seguida, sair para o trabalho. Eu não fazia ideia de onde isso iria parar, mas fiquei feliz por ter essa nova e inesperada vazão criativa. Eu via a escrita como uma maneira nova de me expressar.

Peter Kaplan era conhecido por orientar muitos escritores. O que você aprendeu trabalhando com ele?

Antes de eu começar minha coluna, Peter me pediu para escrever algumas resenhas de livros. Ele me deu um bom conselho: "O segredo para escrever uma ótima resenha de livro é escrever sobre qualquer coisa, exceto o livro". Eu falava sem parar sobre mim mesmo, que é o que eu faço na maior parte do tempo quando escrevo.

Como sua carreira de escritor evoluiu?

Eu escrevi a coluna semanal na Observer por dez anos. Então, quando todos os sites começaram a chegar, mudei para o Slate.com. Uma vez, escrevi um artigo editorial para o New York Times. Eles reescreveram tudo e tiraram todas as partes engraçadas. Foi quando percebi que eu era um escritor de humor e que não fazia sentido escrever para uma publicação sem humor, mesmo que fosse o New York Times. Além disso, quando o Times fez uma resenha do meu livro *Nasty* (desagradável) – que foi rebatizado como *Beautiful People* (pessoas bonitas) depois de virar programa de TV da BBC –, eles me descreveram como "afetado e superficial". Meu marido, Jonathan Adler, e eu rimos muito disso. Tudo o que eu sempre quis foi ser afetado e superficial. Pareceu uma coroação!

É preciso uma certa dose de coragem para escrever um texto e depois colocá-lo no mundo para consumo/crítica. Você ficou nervoso com esse aspecto da escrita?

A principal lição que aprendi com minha infância é que a gente não pode se preocupar muito com o que as outras pessoas pensam. Quando eu era adolescente, era ilegal ser gay, e as pessoas eram abertamente hostis aos gays. Meu pai me avisou que gays acabavam na prisão, em um hospital psiquiátrico ou se matavam. Então, quem era gay precisava aprender a se valorizar e não se preocupar com o que as outras pessoas pensavam. Como resultado, minha geração de gays é muito resistente e resiliente.

Com a escrita, nunca me senti afetado quanto a isso. Eu sempre tratei a escrita como um TRABALHO. Eu tenho atitudes de classe trabalhadora sobre produtividade e trabalho. E sobre ser pago. Além disso, criar vitrines para a Barneys me deixou com a casca grossa. Todas as semanas eu abria minha criatividade para o mundo e recebia feedbacks instantâneos. Ficava do lado de fora ouvindo uma porção de críticas brutais. É uma ótima prática para ser escritor.

Escrever humor vem naturalmente para você?

Eu sempre tive uma noção muito clara do tipo de escrita que funcionava para mim: ser insolente e irreverente é a minha marca. Eu tento escrever o tipo de coisa que gostaria de ler. Na Inglaterra, meu estilo descartável é muito barato (meus preferidos são Deborah Ross e Julie Burchill). Mas, nos Estados Unidos, eu sou mais exclusivo. A cultura americana é muito divertida – até ser impressa. Então tudo pode ficar muito sério. Os britânicos são o oposto. A cultura é muito formal, mas os estilos de escrita, mesmo em jornais elegantes, tendem a ser muito informais.

Você publicou sete livros, todos enquanto fazia seu trabalho diário na Barneys. Como suas duas carreiras se conciliaram?

Minhas duas carreiras são simbióticas. Eu tenho 65 anos. Passei a maior parte do tempo na moda e no varejo e sou muito grato ao varejo e a todas as pessoas que me empregaram e colocaram um teto sobre minha cabeça! Não consigo pensar em nada pior do que ficar preso em casa escrevendo durante toda a minha vida adulta. Eu preciso do barato do contato de trabalhar e colaborar. Se meus colegas escritores estão tendo um momento difícil, eu sempre digo a eles para conseguirem um emprego de meio período no Home Depot. O varejo tira a gente de casa e sopra as teias de aranha! Se Virginia Woolf tivesse tido um emprego de meio período no balcão de queijos da Harrods, tenho certeza de que isso a teria ajudado a recuperar sua saúde mental.

Que conselho você tem para escritores aspirantes?

Se escrever deixa você infeliz e você procrastina ou precisa beber uísque para continuar, tente fazer outra coisa. Escrever deve fazer você feliz.

SER A ESTRELA DO SEU PRÓPRIO PROGRAMA DE TV

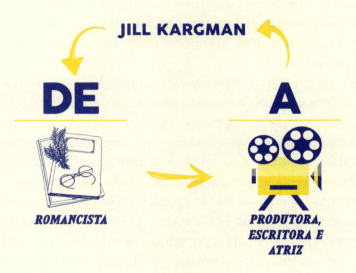

EU ESTAVA SEMPRE EM UMA PEÇA quando estava na faculdade. Eu adorava atuar. Eu me lembro de que, quando fiz a última reverência da última apresentação no último ano, eu pensei: "Isso é muito triste, eu nunca mais vou atuar". Nem sequer me ocorreu ir atrás disso. Eu não parecia com outras atrizes. Eu sou pálida e tenho uma aparência assustadora, e todas em Hollywood são loiras, peitudas e secas. Eu também não podia me imaginar trabalhando como *hostess* em um restaurante enquanto esperava por resultados de testes. Isso teria me estressado demais. Eu não fui feita para um estilo de vida que tem a rejeição como uma constante.

Então disse adeus a tudo isso e me tornei escritora. Eu simplesmente imaginei que escrever era mais justo: tem a ver apenas com a nossa voz, não com a nossa aparência. Comecei como estagiária na Harper's Bazaar e depois passei a assistente de edição na Interview. Mesmo que eu escrevesse em revistas e isso parecesse criativo, era mais como servidão: buscar café e fazer reservas de viagens. Mas eu conseguia escrever. Mesmo que eu tivesse uma história minúscula de 200 palavras na frente do livro, eu tinha uma assinatura e sentia que estava progredindo. Cada folha que eu conseguia acrescentar ao meu portfólio era algo.

As minhas chefes da época não tinham vidas pessoais – tudo era trabalho. Como eu sabia que queria ter filhos, aquele não era um lugar de longo prazo para mim. Eu queria fazer a transição para escrever livros e roteiros.

Eu escrevi um filme chamado *Intern* (estagiária) sobre minhas experiências trabalhando em moda com minha parceira de escrita na época, Carrie Karasyov. Ele na verdade era apenas uma extensão do que eu vinha fazendo, que era escrever sobre o mundo da moda e da mídia. Carrie e eu nos encontrávamos com amigas no Odeon, e todo mundo ficava reclamando de seus empregos. A gente contava nossas histórias, e todas diziam: "Vocês precisam escrever isso. Ninguém inventa esse tipo de coisa". Nós não fizemos aulas. Eu sentia como se tivesse visto filmes demais e, portanto, era capaz de fazer aquilo. Com uma parceria, os diálogos vêm com facilidade, porque estamos simplesmente contando histórias e as desenvolvendo junto, em voz alta.

A partir daí, comecei a escrever para a MTV como freelancer no departamento de notícias e documentários da emissora. Eu escrevia textos para programas de comédia de cultura pop como *So Five Minutes Ago*. Então engravidei e a MTV parou de me ligar. Enquanto isso, ali estavam pessoas de 36, 37 anos de idade, com camisetas vintage do Clash e bolsas estilo carteiro, tentando parecer mais jovens. Mas eu apareci muito grávida e todos começaram a surtar. Eu fiquei tipo: "Espere, eu tenho 28 anos, sou muito mais nova do que vocês!". Mas a gravidez significava que eu não era tão descolada.

Voltei a escrever livros. Carrie e eu havíamos escrito um roteiro sobre um prédio da Park Avenue chamado *The Right Address*. Enviamos para nossa agente, e ela disse: "Tenho boas e más notícias. A boa notícia é que eu adorei. Mas ele é muito esotérico e muito nova-iorquino". Eu disse: "Isso é um absurdo, olhe para *Sex and the City*". Mas aquele havia sido um livro primeiro e teve um acompanhamento embutido antes de virar uma série. Então eu disse: "Vamos escrever como livro".

Isso começou minha carreira como escritora de livros. Eu sempre fui escritora. Só que foi em mídias diferentes. Tive mais dois filhos em rápida sucessão, e com três crianças com menos de quatro anos, eu simplesmente não podia deixá-los para ir para Los Angeles vender programas de TV. Parecia uma perda de tempo. Hollywood compra algo como cinco vezes mais do que tende a produzir. Com os livros, se conseguimos um contrato, ele será publicado. Eu pensava que, se fosse tirar tempo dos meus filhos e trabalhar, era melhor que o trabalho visse a luz do dia.

Eu escrevi uma coleção de ensaios chamada *Sometimes I Feel Like a Nut* (às vezes eu me sinto uma maluca), e alguma coisa deu um clique. Eu fiquei pensando, tipo, "esta é minha voz!". Eu disse à minha editora que queria escrever outra coleção de ensaios, e ela disse que não. A rejeição realmente mudou minha vida para melhor. Eles queriam outro romance porque ganhavam mais dinheiro com meus romances do que com meus ensaios. Depois de escrever algo que parecia mais real, eu não consegui voltar atrás. Eu não queria me prostituir.

Um amigo meu me falou sobre um trabalho de redação na Ogilvy. Eu fiquei muito feliz de estar em um escritório novamente depois de todos aqueles anos como mãe. Eram apenas dois ou três dias por semana, e eu fazia um monte de contas "femininas", de absorventes higiênicos ou uma fralda que pega o xixi que vaza quando espirramos ou coisas parecidas. Era puramente pelo dinheiro, mas eu sentia que estava exercitando meu cérebro, e precisava disso.

Um ano depois, meus chefes de lá me disseram: "Você é engraçada, devia estar na TV". Eu falei: "Tá certo, vou dar um jeito nisso!". E eles disseram: "Não, sério, a gente pode ajudar você a fazer barulho". E foi o que fizemos. Em estilo de guerrilha.

Nós basicamente vendemos um show de fim de noite que iria ao ar pela manhã. Ele se chamava *Wake the F-Up* (acorde, c***lho). Não tinha aquele clima normalmente alegre dos programas matinais. Nós mandamos a proposta e ninguém comprou, mas consegui fazer muitas reuniões. Eu conheci Andy Cohen e Lara Spotts, da Bravo, que disseram que eu seria ótima para um reality show. E eu disse: "Fico lisonjeada, mas jamais conseguiria andar com uma câmera no meu esfíncter".

As pessoas perguntavam: Você não atua há vinte anos? E eu dizia: NÃO, MAS EU FAÇO ISTO!

Com o devido respeito a todas as franquias que eles têm, isso não é para mim.

Eu disse que adoraria escrever um roteiro para eles, porque ouvi dizer que eles estavam indo para essa área. Enviei a eles o meu romance *Momzillas* e os meus ensaios. Eles acharam que uma mistura dos dois daria um bom programa. Então fizemos mais reuniões em que desenvolvemos o *Odd Mom Out*.

Foi a Bravo quem disse: "Nós achamos que você deve ir para a frente das câmeras. Achamos que você tem uma voz específica e jeito para interpretá-la". Fiquei animada. Senti como se eu fosse totalmente capaz de fazer isso dormindo. Filmamos um piloto, e o resto é história. Foi uma coisa muito estranha, porque eu tinha 39 anos e quando estávamos filmando no primeiro dia as pessoas ficavam tipo: "Você não atua há vinte anos?". E eu dizia: "Não, mas está tudo sob controle!". Eu adoro o aspecto colaborativo da televisão, de poder dar risada com roteiristas, atores e diretores o dia todo. Mesmo quando estamos exaustos, olhamos uns para os outros e dizemos: "Você acredita que estamos sendo pagos para isso?".

É hilário mudar de profissão aos 40 anos. O que eu acho ainda mais engraçado é ter escolhido a profissão que mais julga a idade. Mas as rugas trazem experiência e mais coisas para direcionar à atuação. Além disso, aos 22 anos, eu teria me preocupado com coisas idiotas como o tamanho das minhas coxas, sendo que agora eu nem penso nisso. Eu definitivamente trabalharia mais como atriz. Mas quando as pessoas perguntam: "O que você faz?", eu respondo que sou escritora.

2
CRIE SEU PRÓPRIO NEGÓCIO

Tornar-se um guru das mídias sociais / Inventar algo / Começar uma nova marca / Programar uma carreira / Encontrar uma lacuna no mercado

COMO NINGUÉM PENSOU NISSO ANTES? Este será seu ingresso para a grandeza. É um ângulo, uma oportunidade ignorada, um conceito pioneiro. Chega de cubículos. Você vai ser o único a administrar as coisas, a trazer capital, a espalhar nacionalmente. Quem sabe globalmente.

Agora você só tem que descobrir como fazer acontecer.

Você pode deixar seu emprego? De quanto dinheiro vai precisar para começar? Como é, afinal, um plano de negócios? Você precisa de um MBA? Como se lança um site? Você consegue aprender a programar sozinho?

Depois de mergulhar no que é necessário para começar um negócio, você entenderá por que a ideia é a parte fácil. Quem sonha logo se afasta de quem age rapidamente. Avançar para o lucro é o próximo desafio. E então é preciso continuar.

Este capítulo apresenta um intrépido grupo de empresários. Quando todo mundo estava se aposentando, eles estavam apenas começando. Quando ninguém estava oferecendo financiamento, eles descobriram como parar de esperar por outras pessoas e simplesmente começaram. Quando continuaram fracassando, usaram isso como impulso para dar início a uma carreira totalmente nova.

Eles superaram um obstáculo após o outro para lançar suas ideias.

Você é o próximo.

TORNAR-SE UM GURU DAS MÍDIAS SOCIAIS

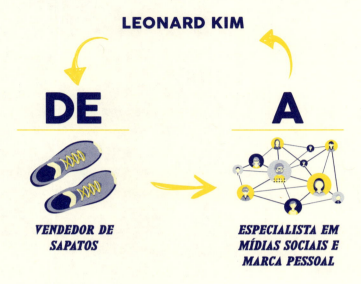

LEONARD KIM

DE → A

VENDEDOR DE SAPATOS → ESPECIALISTA EM MÍDIAS SOCIAIS E MARCA PESSOAL

"Eu achava que as pessoas iam me chamar de fracassado... Em vez disso, elas diziam: Você é uma inspiração!"

OLHANDO DE FORA, o mundo das startups parece uma boa aposta. Tenha uma ótima ideia e você pode ganhar milhões em financiamento, criar um produto que vai mudar sua vida e sacar alguns milhões no banco. A realidade, no entanto, é que 60% de todas as startups fracassam. O especialista em mídias digitais baseado em Los Angeles Leonard Kim sabe muito bem disso. Depois de trabalhar como vendedor de sapatos na Macy's, Leonard pegou o caminho das startups para tentar ganhar dinheiro rapidamente, em parte para impressionar uma namorada que queria que ele ganhasse um salário anual de seis dígitos em dólares.

As primeiras incursões de Leonard em startups não deram certo. Uma startup de empréstimo e uma de música foram à falência. Ele avançou na hierarquia de uma empresa imobiliária e de um fundo de investimento. Os dois também quebraram. No caminho, a namorada que ele estava tentando conquistar o abandonou. Com os fracassos dos negócios, ele não conseguia pagar as contas. Acabou sendo despejado do apartamento e foi morar com a avó.

"Na primeira vez que fracassei em algo, isso não me atingiu. Na segunda vez, comecei a ficar um pouco assustado. Na terceira vez, tive ataques de pânico. Depois disso, tudo ficou simplesmente muito, muito desanimador. Eu meio que desisti. Eu realmente não queria mais tentar", diz Leonard. "O que me forçou a finalmente fazer alguma coisa foi a minha avó gritando comigo para encontrar um emprego."

Leonard juntou-se a outra startup subfinanciada que pagou a ele apenas US$ 2,3 mil em nove meses. Percebendo que seu trabalho não ia a lugar nenhum e que ele não poderia viver com a avó para sempre (isso o deixava constrangido demais para namorar), ele pediu um empréstimo de algumas centenas de dólares e se mudou para Los Angeles para viver no sofá de um amigo e recomeçar.

Com um currículo repleto de empresas falidas, Leonard não obteve resultados em centenas de consultas. Desesperado, pediu que um amigo próximo, Deinis Matos, o contratasse para trabalhar na American Honda Motor Company em uma função inicial de atendimento ao cliente que pagava US$ 16 por hora. Nos anos seguintes, economizou tudo o que pôde, deixando de almoçar na maior parte dos dias. Ele investia tudo o que recebia na formação de um pé-de-meia para o caso de as coisas darem errado novamente.

O ponto de virada veio quando um colega compartilhou um post do empresário James Altucher no Quora. A história pessoal de desafios de carreira e obstáculos do autor fez com que Leonard se identificasse. "Ele era exatamente como eu, com a diferença de que ele ganhava muito mais dinheiro e perdia muito mais dinheiro do que eu", explica Leonard. "Muito do conteúdo que ele produz se refere a fazer alguma coisa. Então eu fiz uma tentativa e escrevi meu primeiro post."

Leonard começou escrevendo sobre suas tentativas fracassadas de sucesso. "Eu não achei que isso fosse chegar a algum lugar. Eu apenas estava escrevendo porque tinha muitas coisas que precisava expurgar. Eu queria dizer às pessoas como evitar os mesmos erros que eu havia cometido. Mas tudo começou quando escrevi sobre como as coisas da minha vida estavam péssimas." Os artigos de Leonard logo começaram a ser compartilhados, e ele recebeu centenas de comentários de incentivo. A atenção e a aprovação o inspiraram a continuar, e ele começou a escrever de duas a quatro vezes por dia.

Em seis meses, os artigos de Leonard atingiram a marca de 2 milhões de leituras. Ele percebeu que, quanto mais sincero era sobre seus fracassos, mais sua história tocava seus leitores. "Não havia intenção de ser inspirador. Eu achava que as pessoas iam me chamar de fracassado, debochar de mim e me ridicularizar", admite Leonard. "Em vez disso, elas diziam: "Você é uma inspiração! Eu não posso acreditar que você esteja compartilhando isso."

Os posts não apenas deram a Leonard uma grande audiência, como o conectaram com uma rede totalmente nova. "Eu deixei de ser aquele cara que conhecia apenas o pessoal de vendas e passei a ser alguém que era capaz de se conectar com advogados, pessoas que estudaram nas universidades da Ivy League, consultores da McKinsey & Co. e banqueiros de investimento – todas pessoas de sucesso." Depois de um ano e meio, os artigos dele haviam sido lidos 10 milhões de vezes, e ele tinha mais de 20 mil seguidores no Quora.

Leonard começou a pensar em maneiras de monetizar suas novas habilidades e seu público. Ele lançou um site para mostrar seus textos e se apresentar como um especialista. Ofereceu consultoria gratuita de mídias sociais e escreveu artigos para criar um portfólio. Depois de alguns meses, ele foi pago para escrever conteúdo para empresas – valores de US$ 250 a alguns milhares de dólares, dependendo da tarefa. Sua crescente reputação como escritor abriu a oportunidade de contribuir com seus conhecimentos para publicações como Inc., Entrepreneur e Huffington Post.

Para conseguir um emprego que espelhasse suas novas habilidades, Leonard se candidatou para gerenciar as mídias sociais da University of Southern California para a Keck Medicine da USC. Esse trabalho pagava quase três vezes mais que seu salário na Honda e oficialmente aumentou sua credibilidade como guru das mídias sociais. Em pouco mais de um ano, o Twitter de Leonard passou de 10 mil para 230 mil seguidores.

COMO CHEGUEI AQUI

Sete empregos em que Leonard Kim fracassou antes de se tornar um gênio das mídias sociais

Vendeu CDs gravados por US$ 250 por semana –
ATÉ O GRAVADOR DE CD QUEBRAR.

Foi vendedor em uma startup de música fracassada –
PERDEU TODO SEU DINHEIRO.

Foi gerente de vendas de uma empresa de negócios imobiliários –
ANTES DE A EMPRESA FALIR.

Trabalhou em relações com investidores em um fundo de investimentos –
ANTES DE O FUNDO DE INVESTIMENTOS FALIR.

Trabalhou em uma startup fazendo geração de leads para modificações de empréstimos e reparação de crédito –
ANTES DE A STARTUP FALIR.

Foi contratado para trabalhar como consultor financeiro, dependendo de passar em um teste de seguro de vida –
SEM DINHEIRO GUARDADO PARA PAGAR PELO TESTE.

Trabalhou como operador de telemarketing/angariador de fundos para oferecer o teste de seguro de vida –
NÃO PASSOU NO TESTE.

Como números mais altos de mídias sociais podem emprestar mais legitimidade a especialistas, ajudar empresas a aumentar as vendas e ampliar o alcance de influenciadores, Leonard encontrou muitos clientes que queriam aprender os segredos do sucesso digital. Leonard e seu sócio, Ryan Foland, montaram um curso on-line e lançaram o InfluenceTree. "Nós ensinamos as pessoas a construir sua marca, ganhar destaque de publicações e aumentar o número de seguidores nas mídias sociais", explica Leonard.

Leonard presta consultoria a clientes como capitalistas de risco, executivos e autores de best-sellers, além de pessoas comuns que tentam se elevar em carreiras mais padronizadas. "Quem precisa de uma marca pessoal? Na verdade, a questão é mais quem não precisa", diz ele. "Uma marca pessoal é uma extensão de quem você é – digitalmente e na vida real. Com a integração da internet com o mundo real, está se tornando muito mais importante que quem você é on-line reflita quem você é na vida real."

Enquanto sua carreira levantava voo, Leonard sofreu mais algumas decepções amorosas, mas, tanto com o amor quanto com o trabalho, ele percebeu que às vezes precisamos passar por fracassos para encontrar a melhor opção. "Eu trabalho com pessoas com que nunca imaginei trabalhar e gosto muito do que faço", diz Leonard, antes de acrescentar: "Eu também acabei de me casar com a mulher dos meus sonhos".

"Se eu tivesse cursado a faculdade de administração, nunca teria começado esta empresa."

EM 2011, KATIE ERA uma dançarina profissional e instrutora de fitness em busca de um recomeço. "Meu trabalho não era sustentável", explica Katie. "Todo o esforço que fiz com meu corpo começou a cobrar um preço. Eu estava me lesionando. As portas estavam começando a se fechar por conta da minha idade. Eu precisava fazer um ajuste rapidamente.

Katie, formada em Harvard, tinha como objetivo lançar uma startup de tecnologia. "Eu estava vendo pessoas encontrando brechas que grandes empresas não estavam vendo", explica ela. "Elas tinham uma ideia, transformavam em um produto que atraísse centenas de milhares de clientes e depois vendiam a empresa e ganhavam dinheiro. Era uma ideia atraente." Ela queria concentrar seus negócios na área de fitness. Era um setor e uma clientela que ela conhecia incrivelmente bem de seus anos como instrutora.

LARGAR TUDO

Junto com dois amigos, Katie foi a um evento de fim de semana em São Francisco para transformar sua ideia – criar o Yelp de fitness – em um plano de negócios. O evento foi um portal para um mundo totalmente novo e apresentou Katie a inúmeros fundadores de empresas de tecnologia, alguns dos quais iniciaram seus programas de aceleração. "Eu consegui enxergar o caminho de criação de uma empresa, ver como era isso", diz ela. "Foi muito importante. Eu acredito que precisamos enxergar alguma coisa para torná-la realidade."

Katie e seus sócios se inscreveram em vários aceleradores, mas, sem um cofundador com experiência em tecnologia, era um desafio entrar em um programa. Eles acabaram sendo aceitos pela StartEngine, em Los Angeles. O programa forneceu US$ 30 mil em financiamento e a possibilidade de refinar o conceito. "Isso nos deu a permissão de ocuparmos um escritório por quatro meses, pensar em ideias e tentar transformar algo em um produto viável no final. Isso nos fez focar e nos ensinou agilidade. Se eu tivesse cursado a faculdade de administração, nunca teria iniciado essa empresa." Mesmo depois de se formar no programa, o grupo mudou o conceito do negócio várias vezes antes de encontrar o certo. Isso aconteceu depois que eles perceberam que havia um aumento de fornecedores de roupas além da Nike e da Lululemon que não tinham distribuição fora das lojas populares.

Em 2013, Katie e sua cofundadora, Caroline Gogolak, lançaram um híbrido feira/e-commerce/varejo para roupas esportivas chamado Carbon38. Katie diz que a parte mais difícil de construir um negócio foi levantar o capital. Ela obteve os primeiros US$ 15 milhões em incrementos de US$ 25.000. "Foram muitas reuniões", diz ela. "É preciso ter resistência. É preciso ter um compromisso muito claro com o que estamos tentando fazer. Os investidores institucionais ouvem muitas propostas por dia, e é preciso descobrir como ultrapassar o ruído e convencê-los de que o que estamos construindo vale a pena e dará retorno."

Hoje, Katie administra a Carbon38 sozinha, e a empresa se expandiu para além das roupas esportivas, vendendo também roupas de trabalho e de noite feitas com tecidos de alto desempenho. A Foot Locker acabou de investir US$ 15 milhões em uma participação minoritária. As boutiques Carbon38 abriram dentro de lojas selecionadas da Neiman

Marcus, junto com as primeiras lojas físicas em Bridgehampton, Nova York, e Pacific Palisades, na Califórnia. "Podemos não estar salvando o mundo com tecido spandex, mas se eu puder melhorar a vida da minha equipe, dos meus clientes e da nossa comunidade de alguma maneira a cada dia, essa é uma oportunidade e uma responsabilidade que carrego com orgulho."

PROMOVER A SUA IDEIA

TIFFANY PHAM

DE: DIRETORA DE DESENVOLVIMENTO DE NEGÓCIOS PARA UMA REDE DE TELEVISÃO

A: FUNDADORA E CEO DE UM APLICATIVO MÓVEL E PLATAFORMA PARA MULHERES

QUANDO EU TINHA 27 ANOS, apareci na lista "30 com menos de 30" da Forbes. Estar nessa lista chamou a atenção de muitas jovens, e elas começaram a escrever para mim pedindo conselhos. Depois de receber meu conselho, elas muitas vezes me escreviam e diziam que minha carta havia mudado suas vidas: elas haviam recebido uma oportunidade que não imaginavam possível, uma entrevista ou uma promoção. Em vez de compartilhar todos esses conselhos individualmente, pensei: por que não criar uma plataforma para milhões de jovens, para compartilharmos nossas ideias, dificuldades e oportunidades profissionais? Foi assim que começou a minha ideia para o Mogul.

Eu não tinha dinheiro para contratar alguém para me ajudar a lançar o site. Então, pensei que poderia aprender a programar e construir a plataforma sozinha. Demorei alguns meses para criar a primeira versão do Mogul. Eu basicamente não dormi.

As primeiras semanas foram literalmente gastas para descobrir qual software baixar. Eu comprei livros sobre programação, mas não consegui entendê-los. Meu irmão me falou sobre o tutorial do Ruby on

Eu aprendi que é melhor LANÇAR AS COISAS e levá-las em direção à perfeição MAIS TARDE.

Rails do Michael Hartl. Era mais passo a passo e orientado à prática, o que fez sentido para mim. Depois que aprendi, mal podia esperar para chegar em casa e programar. A programação mudou minha vida porque, em última análise, era a última faceta do negócio que eu precisava aprender para lançar o aplicativo.

Uma semana depois de lançar o Mogul, ele explodiu, atingindo um milhão de pessoas. Foi muito inesperado quando chegamos a esse nível tão rapidamente. Eu concluí todos os outros trabalhos e atividades paralelas para me focar nele. Lembro de trabalhar 24 horas por dia, sete dias por semana para dar suporte a todos os usuários. Durante três meses, eu fiz tudo: projetava, codificava os recursos, lançava parcerias e fazia distribuição e marketing. Foi quando percebi que não poderia lidar com isso sozinha.

Pedi ajuda a um amigo, que me apresentou a um dos conselheiros da sua empresa. Acabei apresentando o Mogul pela primeira vez a esse conselheiro, Will Bunker, cofundador do Match.com.

Antes de fazer a primeira apresentação, provavelmente é bom praticar com antecedência com alguém que não seja um grande veterano da indústria. Mas, quando fui apresentada, não tive tempo para praticar. Eu me atirei no fogo. Aprendi que é melhor lançar as coisas e levá-las em direção à perfeição mais tarde. Will disse sim e embarcou no projeto como investidor e consultor. Depois de receber meu primeiro sim, mais dois incríveis fundadores e inovadores se juntaram à proposta, e eu consegui levantar milhões de dólares em financiamento.

Meu conselho para qualquer pessoa que queira lançar um negócio de tecnologia é ir em frente e fazer protótipos, a fim de colocar sua ideia lá fora. Apenas comece, sempre, e siga em direção à perfeição ao longo do tempo. Não se preocupe com os erros que você pode cometer pelo caminho. Você vai chegar lá.

INVENTAR ALGUMA COISA

"Eu digo que o pão fatiado levou 10 anos para pegar depois de lançado porque as pessoas relutam em fazer mudanças."

JEFFREY NASH SEMPRE QUIS ter seu próprio negócio, mas a ideia certa só surgiu quando ele tinha 56 anos. Naquele momento, ele havia servido nos fuzileiros navais, trabalhado na General Electric, vendido máquinas comerciais e passado mais de 20 anos vendendo roupas masculinas. "Durante anos, procurei por algo que pudesse chamar de meu", diz ele.

A grande ideia surgiu em 2011, quando ele estava no jogo de futebol da neta. Jeffrey notou uma mãe debruçada, segurando as mãos do bebê, tentando ensiná-la a caminhar. Aquilo pareceu terrivelmente desconfortável. Ele imediatamente imaginou uma engenhoca que permitiria que os pais ficassem eretos enquanto ajudavam os bebês a dar seus primeiros passos.

Jeffrey foi direto para um alfaiate para criar um protótipo. Seus testadores? Os bebês de amigos e clientes de varejo. "Eu dizia aos pais: Experimente. Quero ouvir o que você tem a dizer. É fácil de usar? É algo que você compraria?". Ao longo de três meses, ele passou por cinco protótipos diferentes usando os feedbacks recebidos para aperfeiçoar o design e os materiais.

O próximo passo foi colocar o Juppy nas prateleiras das lojas. Durante um período de três semanas de férias, ele foi a lojas infantis em Los Angeles e San Diego, entrando e apresentando o produto ao gerente da loja, no local. Ele faturou US$ 12 mil. Foi a confirmação que precisava de que estava trabalhando em algo grande.

Para começar, Jeffrey deixou o emprego em vendas e investiu US$ 35 mil de suas economias, além de US$ 9 mil de familiares e amigos. A Amazon se mostrou um ótimo ponto de venda inicial, vendendo o equivalente a US$ 80 mil em produtos no primeiro ano, com o melhor ano somando US$ 170 mil. Outros fabricantes tentaram copiar o Juppy, mas, graças a uma patente de utilitário, ele foi capaz de combater os concorrentes.

Após três anos de altas e baixas financeiras no lançamento de um novo produto, Jeffrey queria uma renda mais estável. Ele retornou ao emprego vendendo roupas e agora trabalha no Juppy em paralelo. "Acho que estamos à frente do nosso tempo. Eu digo que o pão fatiado levou 10 anos para pegar depois de lançado porque as pessoas relutam em fazer mudanças." Ele acredita que quando elas finalmente fazem a mudança, não há como voltar atrás. "Quando aparecemos na *CNN* ou no *New York Times*, as vendas disparam, o que me diz que a maior parte do meu problema é que muita gente ainda não conhece o Juppy. Um dia, vão conhecer."

Jeffrey admite que trabalhar em dois empregos pode ser desgastante. Ele acorda às 5 da manhã, empacotando as vendas do dia anterior, trabalhando no ajuste do Google AdWords e postando nas mídias sociais. Ele então vai para o emprego no varejo às 9 da manhã. Após um dia inteiro de trabalho, volta a atenção para aumentar as vendas de seu produto. "Vou fazer 64 anos, e tem dias em que é um pouco exaus-

Acho que estamos
À FRENTE DO NOSSO
TEMPO.

tivo tentar fazer tudo o que é preciso. Então eu compenso ao fazer exercícios. Eu medito."

Jeffrey está otimista quanto ao futuro e está feliz em ficar na montanha-russa de possuir seu próprio negócio. "Eu gosto do fato de estar sempre aprendendo algo novo. Estou constantemente precisando lidar com o fracasso, o que acho maravilhoso! É preciso abraçar a adversidade. É preciso se acostumar com isso e entender que nem todo dia vai ser um bom dia, mas nem todo dia vai ser um dia ruim, é apenas a vida", diz ele. "A gente simplesmente nunca sabe o que o próximo e-mail vai trazer."

COMEÇAR UMA NOVA MARCA ENQUANTO TODOS ESTÃO SE APOSENTANDO

TRICIA CUSDEN

DE: INSTRUTORA DE GESTÃO
A: FUNDADORA DE MARCA DE BELEZA

TRABALHO ANTERIOR

Eu me tornei instrutora de gestão em 1986 e adorei a função desde o primeiro dia. Consegui uma entrevista através do marido de uma amiga e fiz um curso de uma semana para avaliar minhas capacidades. Eu me saí muito bem, e me ofereceram um emprego. Eu desenvolvi um curso de três dias chamado Personal Power and Influencing (poder pessoal e influência), que foi projetado para ajudar as pessoas a se tornarem mais capazes de gerenciar suas relações de trabalho e entender como seus comportamentos impactam os outros.

UM DESVIO INESPERADO

Minha neta India nasceu em janeiro de 2012 e, logo depois, foi diagnosticada com uma anormalidade cromossômica rara. Precisei ajudar a cuidar da irmã de dois anos dela, Freya, já que minha filha, Suzy, precisava acompanhar India. Como ficou claro que eu não podia mais trabalhar com clientes, recusei todas as ofertas de trabalho por quase um ano. Em outubro, no entanto, India pôde ir para casa e ser apoiada por uma equipe de cuidadores. Eu ainda ajudava quando era preciso, mas as coisas começaram a retornar a uma rotina mais normal.

APOSENTADORIA? NÃO, OBRIGADA

Com a vida de India me afastando do trabalho remunerado, eu precisava muito de um novo desafio. Eu tinha 65 anos e estava passando muito tempo vendo TV durante o dia e pensando que não podia simplesmente ficar vendo TV pelos próximos trinta anos! Senti que minha vida precisava de propósito e direção. Eu perdi contato com todos os meus clientes durante o ano em que India esteve no hospital. Na minha idade eu não queria começar tudo do zero tentando criar novos contatos. Eu queria tentar algo novo e diferente.

UMA IDEIA DE NEGÓCIO NASCIDA DA FRUSTRAÇÃO

Eu estava achando difícil encontrar maquiagem que funcionasse bem no meu rosto mais velho. Fiquei pensando que deveria haver outras mulheres mais velhas que se sentiam tão frustradas quanto eu, que gostariam de ter a oferta de ótimos produtos que realmente funcionassem e as ajudassem a parecer incríveis. Decidi lançar a Look Fabulous Forever (fique linda para sempre) para criar e vender os produtos que eu queria.

O QUE AS PRINCIPAIS MARCAS DE BELEZA NÃO ENTENDEM

Não existe nada nas lojas que possa fazer com que as mulheres mais velhas se sintam confortáveis com uma compra de beleza. As assistentes de vendas são todas invariavelmente jovens e usam uma maquiagem pesada que ficaria horrível em um rosto mais velho. As marcas de beleza não aceitam o fato de que os rostos mais velhos são diferentes dos mais jovens. Rostos mais velhos nunca são usados para publicidade de maquiagem. Recentemente, a YSL nomeou Cara Delevingne, de 25 anos, como seu rosto para a linha de produtos anti-idade. Preciso dizer mais alguma coisa?

PREPARANDO PARA LANÇAR

Eu usei 40 mil libras (cerca de US$ 53 mil) para começar. Arrisquei apenas uma quantia que eu pudesse bancar para que, caso falhasse, não fosse afetada materialmente. Fui em busca de um fabricante de cosméticos com sede no Reino Unido que seria capaz de formular a maquiagem da maneira que eu estava sugerindo. Eu literalmente pesquisei "fabricantes de cosméticos do Reino Unido" no Google, encontrei um que parecia promissor e liguei. O chefe, Alan, ficou imediatamente entusiasmado com a minha ideia e me fez o enorme favor de produzir apenas 200 unidades de cada produto por vez. Agora somos um dos seus melhores clientes. Para desenhar embalagens e criar um logotipo, trabalhei com a nora de uma amiga que é designer gráfica. O fotógrafo era contato de um professor que eu conhecia e me cobrou muito pouco. As pessoas pareceram gostar da ideia e apoiaram muito o que eu estava tentando alcançar.

MARKETING GRATUITO

No primeiro ano de negócios, o YouTube foi a maneira mais importante que tivemos de atrair clientes para o nosso site. Como não tínhamos orçamento de marketing, tivemos de usar plataformas gratuitas de mídias sociais. Criei dois vídeos, além de fotografias de maquiagem antes e depois com amigas minhas como modelos para mostrar como a maquiagem transformava os rostos mais velhos. Em quatro meses, os dois vídeos do YouTube estavam recebendo de mil a 1,5 mil visualizações por dia, e os pedidos começaram a chegar do mundo todo.

A REALIDADE FINANCEIRA

Eu não recebi salário por dois anos e investi cada centavo no negócio. Aos poucos, a renda cresceu para que pudéssemos pagar despesas mais altas para coisas como mais pessoal e espaço de escritório. Também atraímos investimentos, e isso facilitou nosso crescimento muito rápido para o lucro total atual superior a 2 milhões de libras (cerca de US$ 2,6 milhões). O lucro total no primeiro ano completo (2014) foi de 100 mil libras.

MULHERES REAIS SEM BOTOX

Temos uma alta taxa de fidelização de clientes, o que mostra o quanto as mulheres mais velhas adoram o efeito da maquiagem. Nós usamos apenas mulheres mais velhas que não fizeram cirurgias plásticas, incluindo preenchimentos e Botox. Nós nunca aplicamos efeitos a nossas imagens. Isso nos destaca em uma indústria que não consegue aceitar um rosto envelhecido e quer que todas nós busquemos a juventude a qualquer custo.

A IDADE É UMA VANTAGEM

Eu sou minha cliente-alvo, então sei como falar com mulheres mais velhas sem ser paternalista. Quando apareço na TV ou falo no rádio, minha voz e meu rosto são autênticos e minha idade é meu maior trunfo. A empresa me rejuvenesceu e me deu um grande senso de propósito. Eu realmente sou apaixonada por confrontar o etarismo na sociedade e me tornar uma voz para as mulheres mais velhas de toda parte que estejam se sentindo invisíveis, marginalizadas e ignoradas.

PROGRAMAR UMA CARREIRA

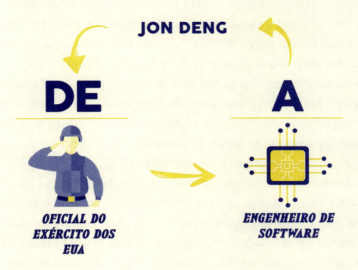

APÓS QUATRO ANOS NO EXÉRCITO DOS EUA como líder de pelotão e oficial de artilharia de campo, Jon Deng começou a pensar em seu próximo passo. Ele ficou intrigado com as possibilidades da tecnologia depois de ter aprendido com sucesso a linguagem de programação Python para ajudar a processar dados de inteligência em segundos, em vez de horas. Impressionado com o que foi capaz de realizar por conta própria, ele decidiu obter treinamento adicional para ver se isso poderia levar a uma carreira em tecnologia.

Jon se inscreveu em um bootcamp de programação chamado Hack Reactor. Com sede em São Francisco, o Hack Reactor oferece um curso on-line remoto intensivo de 12 semanas. Durante seus últimos três meses no exército, Jon foi capaz de fazer o curso em torno de seu trabalho, graças a um gerente que apoiou seu esforço e lhe deu tarefas mínimas.

Embora a aula fosse remota, Jon agradeceu a camaradagem. "Quando estamos aprendendo sozinhos, é difícil manter a motivação, obter feedback e saber como estamos nos saindo. Com isso, podemos desistir rapidamente", explica ele. "É muito mais fácil se comprometer com algo quando temos um grupo de pessoas demonstrando o mesmo nível de comprometimento e podendo trocar ideias e colaborar." De acordo com o Glassdoor, o salário inicial médio para engenheiros de software é de cerca de US$ 128 mil anuais. O alto salário torna a carreira mais atraente – e mais competitiva. Embora um certificado de programação do Hack Reactor prove que a pessoa pode fazer o trabalho, ele não é uma garantia de contratação. "A gente não se forma, clica em 'Candidatar-se' e consegue o emprego dos sonhos. No meu caso, houve muito trabalho, networking e experimentação para fazer com que diferentes oportunidades funcionassem indo atrás de pessoas que conheci on-line em sites como Medium, Hacker News e Product Hunt."

Jon conseguiu seu primeiro trabalho de engenharia de software porque uma amiga soube que ele estava interessado em programar e a empresa na qual ela trabalhava, a Snapchat, acabou contratando-o como engenheiro de software. Ele agora está trabalhando na Credit Karma, criando um assistente financeiro que permite que as pessoas monitorem a saúde financeira de seu segundo maior ativo: seu carro. "A melhor parte do meu trabalho é ver os resultados do que faço", diz ele. "Quando crio um novo recurso, posso ver como ele funciona imediatamente e observar em nossas ferramentas de análise como milhares de pessoas estão usando o recurso que construí. Isso é muito gratificante."

ENTÃO VOCÊ QUER...
CONSEGUIR UM TRABALHO EM TECNOLOGIA

Timur Meyster, um gerente de projetos que se tornou engenheiro de software, o irmão dele, Artur, e um amigo, Ruben Harris, entraram na tecnologia vindos de outras áreas. Depois de muitos amigos perguntarem a eles como fizeram isso, os três lançaram o podcast Breaking Into Startups para destacar histórias de pessoas que haviam invadido a área de tecnologia a partir de origens não tradicionais. Aqui, Timur compartilha suas respostas às cinco perguntas mais frequentes:

Como alguém pode entrar se não estiver programando desde os 12 anos?

Começando. Eu li histórias de caras como Elon Musk, que construía jogos aos 11 anos, e quase sentia como se tivesse perdido minha chance. No entanto, isso não podia estar mais longe da verdade. Quando as pessoas olham para Mark Zuckerberg, elas o veem como um menino prodígio. Para quem vê de fora, pode parecer que ele construiu o Facebook sozinho. No entanto, Mark tem um exército de engenheiros, designers e gerentes de produtos que trabalharam juntos nessa construção. O que as pessoas não veem é alguém da vizinhança que agora está trabalhando na equipe de engenharia do Facebook, ganhando um ótimo salário, contribuindo com o produto e aproveitando todas as vantagens. Hoje, o Facebook provavelmente tem mais de 10 mil pessoas trabalhando em seus produtos.

Que oportunidades existem em empresas de tecnologia para pessoas que não programam?

Há muitos cargos em vendas, atendimento ao cliente, operações, recrutamento e análise de dados disponíveis para quem está entrando em sua primeira função na área de tecnologia. As habilidades envolvidas nesses papéis se apoiam mais nas habilidades sociais do indivíduo e é possível agregar valor a uma startup desde o primeiro dia.

Quais cursos são bons para quem quer aprender a programar? Como é possível praticar sem gastar muito dinheiro?

Cursos como Codecademy, Treehouse e Code School fazem um bom trabalho ensinando aos novos programadores os fundamentos de forma divertida e envolvente. Alguns bootcamps oferecem bolsas de estudo, enquanto outros, como App Academy e Grace Hopper Academy, oferecem mensalidades diferidas, que o aluno pode pagar quando conseguir um emprego. Programas como o Climband Skills oferecem um empréstimo que cobre as despesas de ensino e moradia até US$ 25 mil se o aluno for aceito em um dos principais bootcamps. É uma ótima maneira de obter um empréstimo-ponte durante a transição de carreiras, já que a maioria das pessoas passa a ganhar salários anuais de mais de US$ 100 mil depois de fazer um bootcamp de programação superior.

Como conseguir um emprego em tecnologia sem conhecer ninguém na área?

A pessoa pode pesquisar funções que considere interessantes. Em seguida, deve ir ao LinkedIn, encontrar 20 profissionais que façam esse tipo de trabalho e enviar mensagens personalizadas a eles. Na mensagem, dizer que admira o sucesso deles e que gostaria de conversar para saber como eles chegaram onde estão hoje. A maior parte dos trabalhos não está on-line. Se você enviar um número suficiente dessas mensagens personalizadas e se conectar, criará uma pequena rede de pessoas em tecnologia que poderá encaminhar você para a empresa em que trabalha ou promover a conexão com outra pessoa de tecnologia que esteja contratando.

Se a pessoa está passando para a área de tecnologia de um setor diferente, como pode se apresentar para ter sucesso e conseguir um emprego?

Tudo se resume em como contamos nossa história. Quando as pessoas mudam para uma nova carreira, às vezes pensam que não têm muito a oferecer, a não ser motivação. Por isso, podem dizer a um entrevistador: "Se você me der uma chance, eu vou provar que sou capaz de fazer isso". Essa é uma mentalidade errada. E é algo que nunca se deve fazer. Ao dizer isso, basicamente parece que a pessoa não tem experiência relevante e precisaria de orientação antes de poder contribuir e causar impacto na equipe. Com isso, a pessoa também não disse o que fez no passado que produziu resultados nem destacou suas realizações.

Por exemplo, um professor que esteja se candidatando a uma função de gerenciamento de produtos poderia enfatizar o gerenciamento de uma sala de aula de crianças de 11 anos e o processo de pensamento que existe por trás da elaboração de um plano de aula. Ao projetar um software, esse profissional usará um conjunto de habilidades ou uma estrutura semelhante, apenas aplicando-os ao software. Pense em exemplos da sua vida em que você usou um conjunto de habilidades necessário para o trabalho e compartilhe essas histórias.

ENCONTRAR UMA LACUNA NO MERCADO

"Enquanto o mundo se torna mais digital, nós fazemos as coisas de modo analógico. Fazemos da maneira clássica, do jeito certo."

FOI A TOTAL FALTA DE INTERESSE do pai dele em moda que despertou o fascínio de Ge Wang por roupas. "Meu pai era advogado, mas ia sempre trabalhar vestindo ternos mal-ajustados. Ele nunca se vestiu para a função realmente", explica Ge. "Então, quando comecei a cursar a faculdade de direito, meio que tornei me vestir bem uma missão."

Apesar dos esforços de Ge para parecer elegante enquanto trabalhava como advogado imobiliário em Chicago, ele não ficava impressionado com o que havia disponível, mesmo quando vestia um terno personalizado de um famoso alfaiate local. "Eu estava bem em forma e pensava: Por que não pareço com esses caras das revistas?", brinca ele. Então, em uma viagem para visitar parentes em Pequim, uma cidade que conta com alguns dos melhores alfaiates do mundo, Ge mandou fazer um terno sob medida. Não foi apenas o jovem advogado que percebeu a diferença. Os amigos dele também notaram – e queriam terno igual. Sabendo que poderia oferecer aos amigos um terno mais bem-ajustado a um preço menor do que o que havia disponível em Chicago, Ge teve a ideia de um negócio paralelo. Ele vendeu 30 ternos em seu primeiro ano, enquanto ainda mantinha o emprego fixo.

Ge admite que se enganou ao pensar que vender ternos seria bastante simples. Ele imaginou que só precisava aprender a medir, obter alguns tecidos de amostra e trabalhar com um alfaiate no exterior. Ele estava errado. "Eu achei que não haveria grandes segredos, especialmente a medição, mas só isso já tem uma superimportância. Muito da atividade tem a ver com a anatomia humana, com entender como o corpo funciona."

Os negócios cresceram rapidamente boca a boca e, depois de dois anos trabalhando no próprio apartamento, ele precisava tomar algumas decisões. "Eu estava fazendo as duas coisas meia boca e precisava escolher ou uma ou outra. Como estava gostando de verdade do novo trabalho, optei por deixar o direito", diz Ge, que lançou a ESQ Clothing em 2012. "Alguns anos atrás, se alguém tivesse me dito que eu estaria administrando uma empresa de roupas, eu teria dito que a pessoa estava maluca."

Com a decisão de administrar o negócio em tempo integral, Ge mirou ainda mais alto, certificando-se de que se destacava do grupo de fabricantes de roupas masculinas personalizadas de Chicago. Para Ge, isso significava oferecer aos clientes roupas verdadeiramente sob medida, feitas à mão. "A maior parte dos ternos 'personalizados' é, na verdade, feita à máquina usando tecidos asiáticos", explica ele, falando sobre as grandes marcas que usam scanners de imagens de computador. Ele afirma que os produtos não estão à altura do *hype*. "É basicamente uma tecnologia de scanner de aeroporto reaproveitada. A menos que a pessoa tenha um tamanho de modelo, isso não funciona", diz ele. "Nós somos o oposto. Enquanto o mundo se torna mais digital, nós fazemos as coisas de modo analógico. Fazemos da maneira clássica, do jeito certo."

Ge dedicou-se a aprender tudo sobre o ofício de produzir roupas masculinas sofisticadas. Ele trabalhou como aprendiz com diversos alfaiates para desvendar a arte de medir. Hoje, suas consultas duram uma hora, em comparação aos dez a vinte minutos padrão, e ele faz 34 medições. A maioria dos alfaiates de roupas sob medida se concentra em 12 a 18 pontos.

Ele visitou mais de 230 empresas, alfaiates e fábricas de tecidos de alta qualidade em todo o mundo para entender como fazer o melhor terno. "Eu realmente não entendia a diferença dos tecidos, o que é bom, qual o melhor, ou como um tecido ou outro vai funcionar com diferentes tipos de corpo".

Os negócios de Ge são 75% resultado de boca a boca. Embora profissionais corporativos e festas de casamento constituam uma grande parte de seus negócios, ele atraiu muita atenção graças à grande clientela que conquistou entre grandes atletas e artistas de Chicago que compartilham fotos de seus produtos nas mídias sociais. O rapper Chance, os integrantes do Fall Out Boy e as estrelas de futebol americano Marcus Mariota e Mitch Trubisky têm todos pelo menos um ESQ original.

Ge acredita que perceber o que falta no mercado e descobrir como fornecer isso é a melhor maneira de começar um negócio. No entanto, ele observa que ser empreendedor não é algo que realmente possa ser ensinado. "A pessoa precisa ser um pouco maluca", Ge admite. "Só é preciso acreditar na própria ideia, saltar de um penhasco e fazer as coisas."

NÃO SIGA SUA PAIXÃO

Depois de ter tido vários empregos aos vinte e poucos anos, fundado um império imobiliário com US$ 1 mil e conquistado fama na TV como uma das investidoras empreendedoras de Shark Tank, Barbara Corcoran sabe tudo a respeito de lançar uma marca, administrar um negócio de sucesso, orientar empreendedores e trocar de carreira. Desde como negociar um acordo e usar seus pontos fortes para não aceitar um não como resposta, Barbara compartilha seus principais conselhos sobre negócios.

EXPERIMENTE MUITOS TRABALHOS DIFERENTES

Você descobrirá quem é, quais traços de personalidade são trunfos seus e o que atrapalha você. Eu tive mais de 20 empregos antes de completar 23 anos e o que descobri rapidamente foi que, quanto mais eu podia falar com as pessoas e ficar de pé, melhor eu ficava. Quanto menos precisasse escrever ou ler, mais feliz eu ficava. Essas são ótimas coisas para aprender a nosso respeito, e eu não as teria descoberto se tivesse ficado em apenas um emprego.

TRABALHAR APENAS COM O CORAÇÃO NEM SEMPRE FUNCIONA

Nós não sabemos qual é a nossa paixão antes de a encontrarmos, e essa é a verdade. As pessoas acham que precisam decidir cedo e que devem se comprometer com um caminho. Acho que este é o pior conselho a se dar para um jovem. Na faculdade, eu entregava um buquê de flores para os mesmos clientes toda semana. Essa era a minha paixão: eu adorava flores. Acabou sendo um negócio terrível para mim. Eu ficava sozinha o dia inteiro indo comprar flores, ficava sozinha no porão embalando as flores e andava sozinha entregando flores diante de portas vazias. O problema era que minha grande habilidade era me dar bem com as pessoas. Eu ficava terrivelmente solitária o dia todo e não podia colaborar com ninguém. Então aquilo não funcionou.

INVISTA NOS SEUS PONTOS FORTES

Faça uma lista de todos os trabalhos que você já teve, mesmo que tenha sido cuidar de bebês aos 11 anos. Qualquer coisa que você fez, com ou sem remuneração. Escreva o que você gostou mais e menos de cada um. Você verá quais características aparecem e reaparecem. É muito revelador e útil em termos de qual direção você deve seguir.

NÃO SE COLOQUE ACIMA DE NADA

Meu filho tem 24 anos e, recentemente, seu melhor amigo foi demitido de um emprego. Garoto muito capaz, só não combinava com o trabalho. A primeira coisa que meu filho disse a ele foi: "Consiga um emprego fazendo qualquer coisa". Ele tinha razão, eu assino embaixo. É mais fácil sermos contratados quando estamos trabalhando e nossa cabeça está em um lugar melhor. Consegui três vagas em restaurantes para que esse garoto pudesse fazer entrevistas durante o dia e servir mesas à noite. Ele nem sequer apareceu para as entrevistas. Eu não pude acreditar! Se ele for um ótimo garçom, pode conhecer seu próximo empregador e entrar em uma carreira em que sequer sabia que seria bom. Eu aprendi mais sendo garçonete do que com qualquer outro emprego no mundo. Minha carreira foi construída em vendas, é claro, e trabalhar como garçonete corretamente é uma função de vendas/serviço.

APRENDA A TRABALHAR COM CHEFES DIFÍCEIS

Eu nunca gostei de verdade de nenhum chefe que tive. Mas, claro, precisei aprender a conviver com todos eles. Acho que o que me incomodava era que muitos deles não mereciam meu respeito pelo modo como administravam suas operações ou tratavam seus funcionários, mas eu precisava fingir que os respeitava de qualquer maneira. Ter o chefe errado por um longo tempo pode ser muito prejudicial para nosso ego, fazer com que a gente dê menos importância e respeito a nós mesmos. Por isso, é importante ir em busca de uma situação em que somos respeitados pelo esforço que estamos fazendo e reconhecer a experiência de termos aprendido a ser tolerantes.

CULTIVE O RISCO

Eu trabalhei com garotos superinteligentes que frequentaram as melhores escolas e conhecem os negócios. Eles sempre têm ideias para empresas, mas fazem trabalhos de consultoria em vez de transformarem suas ideias em realidade. Eles têm medo do risco. Isso é o que sempre acaba atrapalhando. Eu acho que sentir-se confortável com o risco é fundamental para qualquer um que esteja começando um negócio.

CERQUE-SE DAS PESSOAS CERTAS

Isso significa pessoas extremamente entusiasmadas, com talento e espaço para crescer. Evite o que suga a sua energia – as pessoas negativas, de baixa energia, que veem algo errado em tudo, que não têm aspirações. Não importa o quanto sejamos fortes, captamos o que está perto de nós. Eu me certifico de sempre ter o clima certo ao meu redor. Aprendi isso anos atrás.

FORME PARCERIA COM ALGUÉM COM FORÇAS OPOSTAS ÀS SUAS

O negócio mais lucrativo em que investi no *Shark Tank* foi a Grace & Lace, que é uma marca de moda. Por quê? Pelo mesmo motivo pelo qual todas as minhas boas empresas são bem-sucedidas: os dois empreendedores que a administram são fenomenais no que fazem. Uma é designer, o outro, gerente de negócios: uma equipe de marido e mulher. Eles têm conjuntos de habilidades opostas. É difícil ser bom em tudo.

NÃO ACEITE NÃO COMO RESPOSTA

Eu assinei um contrato para fazer o *Shark Tank*, e o produtor voltou e disse que eles haviam mudado de ideia. Então escrevi um e-mail dizendo por que eles deveriam me contratar. Por que eu fiz isso? Eu sou muito boa no contra-ataque. Além disso, eu havia visualizado a mim mesma no *Shark Tank*, assim como eu me visualizava tendo sucesso no mercado imobiliário de Nova York. Depois de imaginar alguma coisa e trabalhar em direção a essa imagem, ela sempre se torna realidade. Se você não consegue visualizar alguma coisa, não consegue chegar lá. Para mim, essa imagem é um mapa de como chegar lá. Eu não havia levado em consideração que aquilo não se tornaria realidade. Eu já tinha minhas roupas escolhidas e uma caneta para assinar. Eu precisava voltar e lutar por aquilo. Só precisei de um e-mail bem-escrito e comovente.

CONSTRUIR UM LEGADO

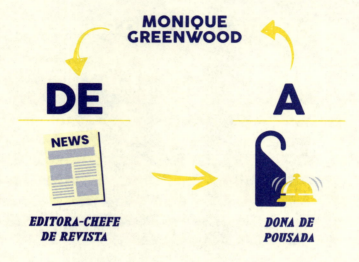

DEFININDO GRANDES METAS DE CARREIRA Eu queria me tornar editora-chefe da revista *Essence* desde o ensino médio. Para ir trabalhar todos os dias e olhar no rosto de pessoas que se parecessem comigo e conceber histórias que inspirariam as pessoas, especialmente as mulheres negras, a viverem melhor: que oportunidade, que missão incrível.

DESCOBRINDO UM ESTILO DE VIDA DIFERENTE
Durante três verões, meu marido, Glenn Pogue, e eu passamos um final de semana em uma pousada em Cape May, Nova Jersey. Os donos da pousada pareciam ter uma vida incrível. Quanto mais eu falava com eles, mais percebia que ser dona de uma pousada podia não necessariamente ter relação com as minhas ambições profissionais, mas certamente se encaixaria em minhas paixões pessoais. Eu adoro conhecer pessoas e transformar estranhos em amigos. Eu adoro decoração, imóveis e casas antigas. Fui uma menina que cresceu em uma casa de três quartos com sete pessoas e nunca dormi sozinha em um quarto. Aquela era uma maneira de imaginar como seria possível viver um estilo de vida no qual eu não havia nascido.

ENCONTRANDO O LOCAL PERFEITO A DUAS QUADRAS DE CASA

Eu mantive a ideia da pousada no fundo da mente. Um dia, estava dirigindo no meu bairro no Brooklyn e vi um lindo casamento. As pessoas estavam espalhadas pelo gramado, muito bem-arrumadas. Vi toda aquela beleza acontecendo e depois vi todas as latas de lixo galvanizadas alinhadas na rua em frente à casa. Desci do carro e tirei as latas de lixo de onde estavam para que não estragassem as fotos. No caminho de volta para o carro, vi a mansão. Embora tivesse passado por ali muitas vezes antes, dessa vez eu vi o que ela poderia ser: uma pousada incrível.

TRANSFORMAR UM SONHO EM REALIDADE

Ninguém morava na mansão, mas havia móveis empilhados no interior. Comecei a deixar bilhetes embaixo da porta da frente, esperando que alguém me ligasse de volta. Depois de dois anos, vi um senhor que me disse que a casa era da família dele e que tinha havido um incêndio. Embora a casa tivesse sofrido, todos os detalhes originais estavam intactos. Havia lareiras de mármore esculpidas, pés-direitos altos e belas molduras. Na manhã seguinte, eu estava no escritório do corretor de imóveis. Acontece que o senhor era dono da casa com os irmãos, um dos quais vivo, e os netos também haviam se tornado herdeiros da propriedade. Os advogados levaram um ano para obter a permissão de todos para que pudéssemos concluir a venda.

ESTUDANDO SOBRE UMA NOVA CARREIRA

A primeira coisa que fiz foi me hospedar em pousadas por toda parte. Anotei o que adorei e outras coisas que pensava que não faria da mesma maneira quando tivesse a minha pousada. Eu fiz um workshop sobre como administrar uma pousada. Eu me juntei à associação profissional comercial de administradores de pousadas para me familiarizar com a comunidade. Eu queria estar perto de pessoas que estivessem fazendo isso e fazendo bem. Também participei de um programa para empreendedores através da Clinton Foundation e outro do Goldman Sachs chamado 10.000 Small Businesses (10 mil pequenas empresas). Eu me inscrevi em tudo para aprender tudo o que eu precisava saber.

VALORIZANDO O IMPULSO FINANCEIRO

Do ponto de vista comercial, eu me considerei bem-sucedida desde o dia em que abri as portas da Akwaaba Mansion, em 1995. Aquela era a minha casa, e eu precisava pagar a hipoteca e os serviços de qualquer maneira. Que os hóspedes pudessem compartilhar a minha vida, mas também compartilhar minhas despesas, era duplamente incrível. Como eu não tinha nenhuma sobrecarga adicional, o negócio passou a ser imediatamente lucrativo.

DEIXANDO A ESSENCE

Durante seis anos, eu administrei a Akwaaba Mansion enquanto dirigia a revista *Essence*. Eu tinha inquilinos, uma empresa e responsabilidades como esposa e mãe. Eu tinha o desejo e a responsabilidade de ser um bom membro da comunidade. Eu sempre tive uma lista extremamente longa de coisas para cuidar, e eu pessoalmente nunca aparecia nessa lista. Percebi que algo precisava ser deixado de lado e então pedi demissão da revista.

CRIANDO UM LEGADO FAMILIAR

Meu interesse é a construção de um legado. Embora minha filha tivesse 10 anos na época, eu sabia que não poderia deixar meu emprego na *Essence* a ela, mas poderia deixá-la com uma carteira de imóveis e uma pequena empresa familiar, caso ela escolhesse administrá-la.

CONSTRUINDO UM IMPÉRIO

Glenn e eu tínhamos a ideia de termos várias outras pousadas. Nossa previsão era de que, ao nos aposentarmos – o que sempre planejamos fazer aos 50 anos –, poderíamos morar em Nova York no outono, Washington D.C. na primavera e Cape May no verão. Nós também gostávamos da ideia de Nova Orleans. O objetivo era ter quatro pousadas: uma em cada cidade para cada temporada. A partir de 2002, abrimos uma pousada a cada dois anos.

APROVEITANDO O DESAFIO DA MÃE NATUREZA

Nós compramos uma pousada em Nova Orleans um mês antes do furacão Katrina. Fizemos o melhor que pudemos para manter a pousada em atividade sem receita. Foi um tremendo dreno financeiro nas outras propriedades. Acabamos vendendo aquela pousada, mas levou cinco anos.

FAZENDO UM REALITY SHOW

Seguimos em frente estrelando o programa *Checked Inn* na rede de TV OWN, com a intenção de mostrar quem somos, como administramos os negócios e nossos hóspedes. Oprah nos viu como uma ilha da fantasia moderna. Ela sabia que faríamos todo o possível para garantir que os hóspedes tivessem uma experiência única e inesquecível, inspirando-os a viver a melhor vida possível. Do ponto de vista dos negócios, foi como um comercial de uma hora de duração para nós. O telefone tocou mais do que nunca.

TRABALHANDO MAIS DO QUE O PLANEJADO

Quando começamos, tínhamos a ideia de que poderíamos nos aposentar aos 50 anos e passar uma temporada diferente em cada propriedade. A realidade é que eu normalmente estou em três estados toda semana. Eu não estou nem perto de me aposentar. Eu trabalho mais do que nunca, mas é um trabalho que me preenche e me motiva.

AMANDO UM TRABALHO QUE NÃO PARECE TRABALHO

Eu sinto que estou fazendo o trabalho da minha vida. Adoro quando meus hóspedes têm experiências que ultrapassam suas expectativas e gosto da mudança de atmosfera da vida da cidade em Brooklyn e D.C. para o clima de cidade pequena nas montanhas de Pocono e na costa de Nova Jersey, onde temos nossas pousadas. Principalmente, tenho orgulho de ter criado algo conforme a minha própria visão que as pessoas apreciam e espero poder passar isso para a minha filha.

CRIE ALGO NOVO

Vinte e cinco anos depois de ter começado sua primeira empresa, a Bobbi Brown Cosmetics, o ano de 2018 encontrou Bobbi Brown com vontade de inovar mais uma vez. Ela começou um site de estilo de vida, o JustBobbi, uma nova marca de saúde e beleza, a Evolution_18, e abriu um hotel em Montclair, Nova Jersey, o George. Além de tudo isso, ela voltou aos bancos escolares, estudando nutrição. A maquiadora que virou magnata compartilha sua experiência e conselhos para futuros empreendedores.

PROCURE UMA LACUNA NO MERCADO

Quando comecei a minha marca, eu não tinha ideia do que estava fazendo. Eu não estudei administração. Eu apenas sabia que não conseguia encontrar maquiagem que parecesse natural, então fui em busca disso. Fiz parceria com uma farmácia para produzir dez batons em tons naturais. Isso revolucionou o mercado, que nos anos 1990 tinha apenas cores exageradas. Minha maquiagem era diferente. Este é o segredo: a gente precisa criar algo novo.

CERTIFIQUE-SE DE SER MELHOR DO QUE A CONCORRÊNCIA

O que quer que você esteja fazendo precisa se destacar do que já existe. Copiar outros produtos não é um plano de negócios. Quantas pessoas podem colocar manteiga de karité em um pote e chamar de negócio? Pense por que as pessoas comprariam seu produto em vez do que já existe. Se existe um bom motivo para experimentar o seu, então você tem alguma coisa.

ECONOMIZE

Invista no seu negócio, mas corte tudo o que não for essencial para o que você está construindo. More com parentes ou amigos para economizar aluguel. Mantenha o seu trabalho oficial e trabalhe durante as noites e nos fins de semana até o seu novo negócio decolar.

PEÇA AJUDA AOS AMIGOS

Quando temos uma ideia nova e empolgante, as pessoas querem ajudar e se envolver. Deixe que elas façam isso. Quando comecei a Bobbi Brown Cosmetics, meu marido costumava enviar batons pelo correio e minha cunhada ajudava na contabilidade. Se você não tem dinheiro para contratar um advogado, peça ajuda a um amigo com treinamento jurídico com contratos e negociações. Pedir alguns favores no começo pode compensar.

TESTE SEU PRODUTO

Quando estava criando meus batons, minhas amigas os experimentavam. Elas me diziam do que gostavam e do que não gostavam. A contribuição delas foi fundamental para tornar o produto melhor. Você não precisa pagar pela realização de um grupo focal oficial como as grandes marcas fazem. Encontre o seu público-alvo e deixe-o experimentar o produto em troca de uma menção nas mídias sociais ou um feedback sincero.

CRIE UM VISUAL PRÓPRIO

Um estilo visual característico e uma embalagem legal são tão importantes quanto o produto em si. É a primeira coisa que as pessoas veem, e as pessoas julgam com base nisso. Você não precisa de embalagens sofisticadas e caras, basta ter algo que se destaque. Às vezes o mais simples é melhor. Dê uma olhada em todas as marcas independentes legais por aí com a hashtag #inspo.

SEJA FORTE EM MÍDIAS SOCIAIS

Você precisa de crescimento orgânico para lançar uma marca. Isso acontece no boca a boca, com pessoas contando aos amigos pessoalmente ou pelas mídias sociais. Eu acho que o Instagram é a melhor e maior ferramenta para fazer um negócio crescer. Ele tem tudo a ver com branding visual. As hashtags ajudam você a segmentar seu público. Os comentários atuam como feedback para fortalecer sua marca. Ele funciona como marketing e relações públicas. O mais importante: é de graça.

ACALME-SE

Muita gente fica nervosa quando começa um novo negócio. Essas pessoas acham que precisam ser um sucesso instantâneo. Você precisa desacelerar, apertar o botão de pausa de vez em quando. Tire um dia para se perguntar: "O que está funcionando? O que não está? O que mais eu posso fazer?".

SAIBA QUANDO TENTAR ALGO NOVO

Você enfrentará muitos obstáculos, então, prepare-se para eles. Mas, depois de um certo tempo, se tudo estiver dando errado, você não estiver ganhando dinheiro, não estiver recebendo um bom feedback, as pessoas não estiverem oferecendo ajuda, você não for capaz de produzir o que tinha em mente: dê um passo para trás. Pode ser apenas o *timing*, mas pode ser um sinal para mudar sua ideia ou ir em busca de algo novo. Uma ideia não ter funcionado não significa que a próxima também não vá funcionar.

3
ESCOLHA SUA PRÓPRIA AVENTURA

Morar em um barco / Postura do cachorro
olhando para baixo ao redor do planeta /
Transformar o mar em seu escritório / Ser pago
para viajar / Ver o mundo

TODOS TÊM AQUELA IDEIA durante as férias. Aquele momento "Por que vou voltar para a minha vida estressada?"

Em sua viagem, você encontrará um punhado de pessoas que parecem extremamente felizes levando a vida toda no mundo das férias. Em uma conversa casual, elas vão perguntar: "Onde você mora? O que você faz?". Você vai responder. Seja uma cidade grande ou um subúrbio tranquilo, um trabalho de escritório ou outro em que você passe o dia todo de pé, essas pessoas vão sacudir a cabeça e dizer: "Cara, eu tinha essa vida. Ela não era para mim."

É quando você começa a se perguntar: "Por que eu não fico aqui para sempre?".

Este capítulo apresenta um grupo corajoso que escolheu viver uma vida de aventura, velejando, mergulhando, guiando safáris, mudando-se para um novo país a cada três meses e explorando novos destinos. Eles são pagos para viajar. Eles encontraram uma maneira de viver e trabalhar no exterior.

Eles vão dizer que se movimentar pelo mundo e deixar para trás amigos e familiares e uma vida que você conhece há tempos nem sempre é fácil. Existem obstáculos, como saudades de casa, burocracia, idioma e barreiras culturais. Mas as pessoas neste capítulo encontraram forças que não sabiam que tinham, tornaram-se parte das comunidades locais e descobriram uma nova versão de si mesmas.

Aquele momento em férias em que eles pensaram: "Eu vou ficar..." Eles fizeram acontecer.

Onde você vai pousar?

VIVER NA ÁGUA

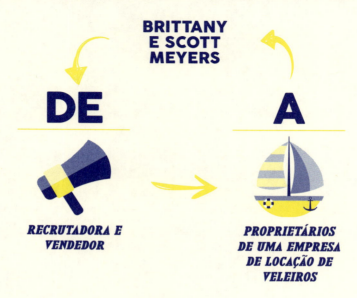

"Morar em um veleiro autossuficiente é significativamente mais barato do que viver em um subúrbio nos EUA..."

BRITTANY E SCOTT MEYERS cresceram velejando em Michigan, mas se conheceram apenas quando se mudaram para Chicago depois da faculdade. Brittany aceitou um emprego como gerente de recrutamento de uma startup e Scott trabalhava com vendas de mercadorias para atletas. Eles se encontraram ao competir um contra o outro no Lago Michigan. "A vela rapidamente se tornou central na nossa união", explica Brittany. Agora eles são os donos da Aristocat Charters, em Tortola. Veja como eles criaram a vida de seus sonhos e resistiram às tempestades no paraíso.

Quando vocês tiveram a ideia de que queriam "viver uma vida menos comum"?

BRITTANY: Não sei ao certo de onde veio a ideia de me afastar do caminho normal, mas, depois da faculdade, eu me mudei para a Tanzânia, onde morei por três anos. Foi um dos períodos mais profundos, maravilhosos e incríveis da minha vida. Depois dessa experiência, fui destruída pelo sonho americano. A ideia padrão de morar nos subúrbios e trabalhar em um escritório pode funcionar para muitas pessoas, mas nunca pareceu atraente para mim. Eu gosto de pensar na minha vida como um livro. Eu quero não apenas ser uma ótima história, mas ter cenários, personagens e reviravoltas interessantes.

Como vocês financiaram aqueles dois primeiros anos navegando no Caribe?

BRITTANY: Nós saímos de Chicago com uma boa quantia de poupança de nossos empregos. Nós compramos um barco de cruzeiro Hallberg-Rassy Rasmus 35 e navegamos até Granada, porque Scott conseguiu um emprego na Ilha Windjammers, onde ele era capitão de socorro trabalhando em um esquema de seis semanas de trabalho seguidas por dois meses de folga. Como morar em um veleiro autossuficiente é significativamente mais barato do que viver em um subúrbio nos EUA, o salário dele mais do que dava conta do nosso custo de vida.

Do que vocês mais gostaram ao velejar como casal? Quais foram os desafios?

SCOTT: Da liberdade! Nós podíamos ir onde quiséssemos, sempre que quiséssemos, tendo apenas o clima como limitação. Nós também gostamos de não saber o que nos esperava a cada dia. Estávamos constantemente descobrindo coisas legais para fazer e explorar. Quanto aos desafios, acho que não é preciso dizer que vários problemas podem surgir quando um casal mora em um espaço menor do que o quarto da maioria das pessoas.

Como as coisas mudaram quando vocês começaram a velejar com sua primeira filha, Isla?

BRITTANY: Nós passamos a gostar de tudo ainda mais. Íamos de ilha em ilha, passando a maior parte das noites ancorados. A parte mais difícil de velejar com um bebê era quando o tempo ficava ruim. Scott ficava tentando segurar o barco sozinho, enquanto eu simplesmente ficava com ela abaixo do convés para mantê-la segura. Felizmente, esses dias eram muito raros, já que somos muito cuidadosos no acompanhamento das previsões. Nossa vida seguia a agenda dela, o que era limitante, mas funcionou.

SCOTT: Como depois que ela nasceu fizemos um upgrade no barco para um Brewer 44, tínhamos um pouco mais de espaço. Isla se tornou uma pequena embaixadora, em certo sentido, abrindo portas para conhecermos pessoas que de outra forma talvez não tivéssemos conhecido. As pessoas tendiam a ser um pouco mais calorosas e convidativas com nossa família.

Como vocês se ajustaram quando tiveram os gêmeos?

BRITTANY: Quando descobrimos que eu estava grávida de gêmeos, eu me assustei. Eu não tinha ideia de como faríamos em um barco com três crianças com menos de três anos. Mas eu estava determinada a dar a eles o mesmo tipo de infância mágica que demos a Isla. Nós decidimos trazer os gêmeos a bordo aos 10 meses de idade e nos estabelecer nas Ilhas Virgens Britânicas. Compramos uma empresa de fretamento, a Aristocat Charters, e isso se tornou nosso meio de subsistência. Sabíamos que ainda poderíamos desfrutar dos elementos da vela que adorávamos – a navegação, passagens curtas, noites ancoradas, uma comunidade multicultural e muito tempo na natureza – sem as coisas de que não gostávamos: passagens longas e tempo ruim.

Como é a vida de vocês em Tortola?

BRITTANY: Nossos filhos correm descalços, e nos sentimos livres para sermos pais sem estarmos em volta deles o tempo todo. É uma comunidade muito segura e pequena. Nossos filhos passam a maior parte do tempo em que estão acordados ao ar livre, usando a imaginação, brincando na areia, subindo em árvores, nadando no mar. As coisas são um pouco mais simples aqui, e nós amamos isso. Nossos filhos praticamente não têm acesso a telas e, de muitas maneiras, a vida é como era há trinta anos.

Como é ter as Ilhas Virgens Britânicas como lar, sendo americanos?

SCOTT: Passar férias em uma ilha e viver em uma ilha são duas coisas muito diferentes. Não é fácil, especialmente tentar administrar nossos negócios, e tudo exige muita paciência. As coisas correm a um ritmo muito mais lento aqui, o que pode ser frustrante. Estamos constantemente precisando renovar permissões, esperar em filas e precisamos de um visto novo para ficar aqui a cada ano. Como proprietários de empresas não insulares, contratar pessoas é muito difícil. É algo que pode facilmente levar de quatro a seis meses.

Vocês estavam vivendo uma vida de sonho e, então, vieram os furacões de 2017. Como eles impactaram a vida e os negócios de vocês?

BRITTANY: Eles de fato viraram nossa vida de cabeça para baixo. Estávamos quase terminando de pagar nossos negócios e tínhamos planos de começar a viajar novamente. Havíamos acabado de contratar um gerente de operações para tirar parte da carga de trabalho dos ombros de Scott, pois ele trabalhava 18 horas por dia regularmente. O furacão Irma mudou tudo. Ele não apenas afundou nossa casa e quase todos os nossos bens, como destruiu os barcos da nossa empresa e, ao mesmo tempo, prejudicou seriamente o turismo, a única coisa de que precisamos para que nossos negócios sobrevivam. Nós investimos muito aqui para desistir. Felizmente, tínhamos seguro. Compramos um novo barco para fretamento e voltamos a funcionar, embora com uma capacidade muito menor do que antes. Vai demorar um bom tempo para voltar aonde estávamos. Todas as coisas que amamos na ilha ainda estão aqui. Nós não estaremos aqui para sempre. O mundo é grande demais. Mas, por enquanto, aqui é a nossa casa.

ENTÃO VOCÊ QUER...
MORAR EM UM BARCO

Navegar no Caribe parece a vida perfeita para você? A coproprietária da Aristocat Charters, Brittany Meyers, compartilha cinco etapas para trocar a vida em terra por uma no mar.

APRENDA A VELEJAR

Envolver-se com um clube de vela é a maneira mais barata e abrangente de aprender. Há também muitas organizações de vela em que é possível conseguir uma função em um barco por uma semana como estagiário. No entanto, a curva de aprendizado será íngreme.

EXPERIMENTE VIVER A BORDO

Velejar em um barco e viver em um barco são duas coisas muito diferentes. Tire umas férias velejando com um barco alugado e passe uma semana a bordo. Se você se sentir confortável em comandar a embarcação sem mais ninguém, escolha um barco sem tripulação, ou, se preferir que outra pessoa comande o barco, frete um barco com tripulação.

DIMINUA TUDO

O barco médio é muito menor do que a maioria das casas. Reduzir tudo ao essencial é, na verdade, bastante libertador. O minimalismo é o segredo para a vida em um barco. Uma boa regra prática: se não serve a dois propósitos, não sobe a bordo.

DECIDA QUAL É O BARCO CERTO PARA VOCÊ

Determinar que tipo de barco você quer é uma grande decisão. Qual é o tamanho do barco de que você precisa? Você quer um barco para arrumar ou algo mais novo? Você planeja atravessar oceanos ou simplesmente ir de ilha em ilha? Sugiro o livro *How Not to Buy a Cruising Boat* (Como não comprar um barco de cruzeiro) para ajudar na decisão.

MUDE-SE A BORDO

Antes de navegar para lugares distantes, more no barco por um bom tempo. Barcos são complexos e contam com muitos sistemas. Com bastante frequência, você será a única pessoa para realizar consertos e manutenção. Conheça o seu barco, faça pequenos cruzeiros para praticar e prepare-se para içar velas.

DESAFIAR AS EXPECTATIVAS

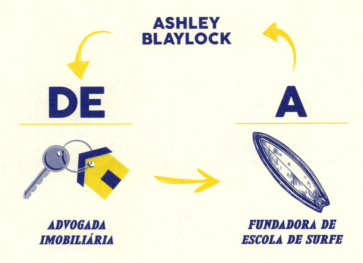

ASHLEY BLAYLOCK

DE — ADVOGADA IMOBILIÁRIA

A — FUNDADORA DE ESCOLA DE SURFE

"Não sei se tenho talento natural, mas tenho dedicação, perseverança e persistência."

CRESCENDO NO TEXAS, Ashley Blaylock era inseparável do irmão mais velho, Josh. Mas, quando ele começou a andar de skate e surfar, ela se conteve. "Acho que inconscientemente eu pensei, ah, ele é um cara, ele pode fazer isso, mas eu não posso", diz Ashley. Foi só na faculdade que ela se deu conta de que sua percepção do surfe como um esporte apenas para garotos não estava certa. "Uma das minhas melhores amigas gostava muito de surfar e foi a primeira vez que pensei: espere aí... se ela pode fazer isso, então eu também posso." Foi preciso apenas uma excursão a Surfside, uma praia a uma hora de Houston, para que um mundo inteiramente novo se abrisse. "Eu fui fisgada imediatamente."

Embora Ashley adorasse o tempo que passava na água, o esporte não veio facilmente. "O surfe é extremamente desafiador e incrivelmente exigente fisicamente. Passei o primeiro ano me debatendo", ela admite. "Não sei se tenho talento natural, mas tenho dedicação, perseverança e persistência."

Durante toda a faculdade e o curso de direito, Ashley surfou sempre que podia. Na esperança de se aproximar de melhores oportunidades, ela chegou a se inscrever para um semestre letivo no exterior, na Costa Rica. Em uma viagem paralela, ela descobriu a meca do surfe San Juan del Sur, na Nicarágua, que ostentava uma comunidade amigável, ondas incríveis e um cenário intocado.

Na Nicarágua, Ashley imediatamente se destacou. "Não havia surfistas mulheres em San Juan e nem muitos americanos", lembra ela. Os guias da loja de surfe não levaram muita fé quando ela se juntou à excursão de um dia. "Eles ficaram tipo: Espere, você vai pegar onda? Você não pode surfar! Nós nunca vimos uma garota surfar." Ashley adorou mostrar que eles estavam errados. "Eu não era uma boa surfista, mas tinha coragem de pegar as ondas grandes. Eles diziam 'Nossa! Chica Brava!', que quer dizer 'garota valente'."

Não demorou muito para Ashley se apaixonar pela Nicarágua. "Em 48 horas, pensei: cara, quero morar aqui." A visita também deu a ela a percepção de uma carreira que ela não sabia que existia. "Os guias de surfe pareciam estar vivendo um sonho. Eu pensei que adoraria fazer aquilo." Ashley se imaginava ensinando outras mulheres a pegar ondas sem medo, mas também achava que isso nunca iria acontecer. "Eu estava na faculdade de direito. Eu havia estudado a vida toda para ser advogada e sabia que teria dívidas de dezenas de milhares de dólares quando terminasse."

Ainda assim, Ashley voltou a San Juan del Sur todas as férias que teve durante a faculdade de direito. Nesses dois anos, a cidade cresceu exponencialmente, e o mercado imobiliário prosperou. A ideia de morar ali persistia. Como se formou como uma das melhores da turma com especialização em direito tributário e societário, Ashley recebeu muitas ofertas de trabalho em Houston, mas, nessa época, também tinha contatos na Nicarágua. Quando soube de uma vaga em um escritório de advocacia da Nicarágua que fazia transações imobiliárias, ela aproveitou a chance e se mudou para San Juan del Sur. Poucos meses depois, a Coldwell Banker a contratou para ser sua coordenadora interna de transações na Nicarágua.

Para muita gente, a história teria terminado aí: encontrar uma maneira de praticar o direito no paraíso. No entanto, Ashley também

Foi CAPACITADOR ter pessoas duvidando das minhas habilidades e mostrar a elas como as mulheres podem ser PODEROSAS.

queria levar o surfe para o próximo nível. Ela tentou convencer os organizadores de competições de surfe locais a deixá-la competir contra os homens, mas eles não compraram a ideia. Em vez disso, ela os persuadiu a acrescentar uma categoria feminina. Naquele ano, ela se tornou a campeã feminina de surfe da Nicarágua – título que manteve por seis anos.

Mesmo que estivesse construindo uma lucrativa carreira como advogada, Ashley se via fora do escritório e na água o tempo todo. "Eu estava vivendo uma vida que parece incrível no papel, mas tinha outro sonho: abrir uma escola de surfe para mulheres. Só que eu não estava fazendo nada para torná-lo realidade", diz ela. "Então minha avó morreu, e isso deixou tudo mais focado. A vida é curta. Então tirei a minha ideia do banco."

A relutância inicial de Ashley em tentar surfar quando adolescente e as expectativas que ela tinha de desafiar como surfista feminina na Nicarágua alimentaram sua ideia de negócio. "Foi capacitador ter pessoas duvidando de minhas habilidades e mostrar a elas como as mulheres podem ser poderosas." Ela batizou sua escola de surfe de Chica Brava.

Inicialmente, Ashley manteve o emprego como advogada e investiu apenas US$ 500 para lançar um site e mais umas centenas de dólares em Relações Públicas. Para economizar, ela mesma fazia tudo sozinha, inclusive recebendo clientes no aeroporto. Apesar dos avisos de amigos de que não ganharia dinheiro, o negócio foi bem-sucedido o bastante no primeiro ano para que ela passasse a se concentrar nele em tempo integral.

Além de receber mulheres de todo o mundo querendo surfar, Ashley começou a trabalhar em parceria com uma escola local para fazer trabalho mensal com meninas adolescentes. "Nossa principal missão é capacitar as meninas e quebrar o molde da desigualdade de gênero em que elas estão crescendo. Queremos que elas pensem em funções e carreiras em que não costumavam pensar", diz ela. "Nós dizemos a elas: Quando alguém falar que vocês não podem fazer alguma coisa, saibam que, na verdade, vocês podem."

Ashley sente que está ensinando muito mais do que habilidades de surfe. "A gente não consegue realmente dominar o surfe completamente. Não se pode controlar o oceano. É algo muito exigente fisicamente. Pode ser frustrante, mas, quando superamos os obstáculos, o surfe se torna uma metáfora para a vida", reflete. "O surfe nos ensina a sermos ferozes, porque encaramos nossos medos de frente."

SAIR DA SUA ZONA DE CONFORTO

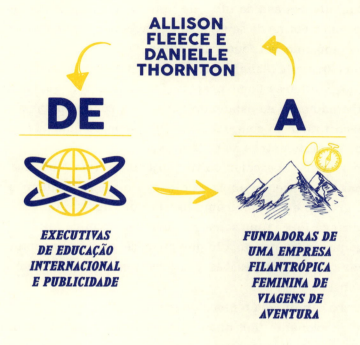

ALLISON FLEECE E DANIELLE THORNTON

DE: EXECUTIVAS DE EDUCAÇÃO INTERNACIONAL E PUBLICIDADE

A: FUNDADORAS DE UMA EMPRESA FILANTRÓPICA FEMININA DE VIAGENS DE AVENTURA

"Quando encontramos algo que nos ilumina, precisamos simplesmente fazer isso."

BASTOU UM vislumbre do Monte Kilimanjaro para Allison Fleece saber que precisava escalá-lo. A vista, a caminho do aeroporto após uma viagem de safári à Tanzânia, fez com que aquela não alpinista de repente quisesse escalar montanhas. "Pensei que era provavelmente a coisa mais linda que eu tinha visto", explica ela. "Eu prometi que voltaria. Talvez fosse para provar a mim mesma o que eu era capaz de alcançar mental e fisicamente, mas não conseguia parar de pensar naquilo.

Quando Allison voltou para Nova York, onde trabalhava orientando estudantes sobre oportunidades educacionais internacionais, enviou um e-mail para as pessoas mais aventureiras de que conseguiu lem-

LARGAR TUDO

brar. O assunto do e-mail dizia: "Eu vou escalar o Kili. Quem topa?". Um amigo em comum encaminhou o e-mail para Danielle Thornton, então trabalhando como diretora criativa em uma agência de publicidade em Nova York. Apesar de ela também nunca ter escalado uma montanha, Danielle gostava da ideia de uma experiência desafiadora que acabasse com a rotina de seu trabalho. Antes mesmo de pensar sobre o que estava topando, ela concordou em ir.

Allison e Danielle planejaram a viagem para o ano seguinte com um total de dez mulheres. Como preparação, elas fizeram várias caminhadas de treinamento no estado de Nova York com as botas e mochilas para se acostumarem com o mesmo equipamento que usariam para a subida de 56 quilômetros no Kilimanjaro.

A experiência de escalar o Kilimanjaro foi uma mudança de vida. "Ser capaz de perceber que nosso corpo e mente podem mirar em algo tão grande e enorme como escalar um dos sete picos – e realmente alcançá-lo – é uma sensação incrível", explica Allison. "Há também algo poderoso no vínculo que aparece quando experimentamos a escalada com outras pessoas. Nós precisamos realmente nos apoiar uns aos outros."

Embora a caminhada tenha sido mental e fisicamente cansativa, foi também emocionante. "Nós duas ficamos muito doentes no começo. Foi duas vezes mais difícil, porque ambas estávamos lutando contra nossos próprios corpos para chegar ao topo. Por mais difícil que tenha sido, nós conseguimos", lembra Danielle. "Assim que descemos, nos entreolhamos e perguntamos: Como podemos fazer isso de novo?"

Empenhadas em fazer das viagens o trabalho delas, Allison e Danielle começaram a conceber um plano de negócios no avião de volta para casa. "A viagem me deu uma perspectiva nova e mais ampla do mundo e acendeu algo dentro de mim. Eu estava tão mudada e tocada que não queria voltar para a vida que tinha antes", diz Danielle. "No mês anterior, tive um dos meus anúncios exibidos no Super Bowl, mas eu simplesmente não me importava mais. No final das contas, eu estava vendendo cerveja light."

Allison e Danielle rapidamente tiveram a ideia de liderar outras mulheres em viagens igualmente transformativas. Mais do que apenas viajar, elas queriam incluir uma maneira de retribuir e se unir às mulheres como parte do plano de negócios para a Women High on Adventure ou WHOA Travel. "Frequentemente, em viagens, nós retemos as coisas, mas queríamos abordar essa aventura de uma perspectiva de compartilhamento", explica Allison. "Nós acreditamos que as experiências são mais significativas quando nos conectamos com as comunidades locais."

Naquela primeira viagem, o grupo de alpinistas arrecadou US$ 5 mil para uma escola vocacional feminina na base do Kilimanjaro. "Os tanzanianos compartilharam sua montanha conosco, e nós quisemos compartilhar algo em troca." No final da escalada, elas passaram um dia na escola conhecendo as alunas. "As mulheres tinham muitas perguntas sobre como era escalar o Kilimanjaro", diz Danielle. "Eles cresceram vendo isso todos os dias e sabiam que era uma grande parte da economia da região, mas poucos moradores, especialmente mulheres, têm a oportunidade de escalar, a menos que sejam guias."

Agora, a WHOA Travel convida mulheres locais para fazer as subidas como parte do grupo. "Isso permite que nossas viajantes conheçam as mulheres da região que estão visitando", diz Danielle. "Mas também inspira homens, crianças e comunidades inteiras. Eles veem as mulheres de sua aldeia assumindo algo que tradicionalmente é tido como espaço masculino, e todos saem da experiência com uma perspectiva mais fortalecida."

No primeiro ano da WHOA Travel, Danielle e Allison planejaram viagens para a Tanzânia (subida do Kilimanjaro), o Peru (trilha de Salkantay para Machu Picchu) e a Bavária (Oktoberfest), encontrando parceiros sem fins lucrativos em cada país. A primeira viagem à Oktoberfest teve apenas três clientes. Todas as três haviam ficado sabendo a respeito da viagem pelo boca a boca. Cinco meses depois, a viagem ao Kilimanjaro no Dia Internacional da Mulher tinha 30 mulheres. "Acho que foi quando soubemos que tínhamos encontrado um caminho e que aquilo era certamente algo que as mulheres queriam em suas vidas", diz Allison. Agora, a WHOA Travel vai ao Kilimanjaro e ao Peru várias vezes por ano e acrescentou a Índia, a Islândia, o Monte Elbrus nas montanhas do Cáucaso, no sul da Rússia, e o acampamento base do Everest à lista de viagens.

Allison e Danielle dizem que conseguiram fazer com que a WHOA Travel desse certo em parte porque o modelo de negócio não envolveu muito capital inicial, não requer espaço de escritório e tem um fluxo de trabalho que pode ser gerenciado por uma equipe central trabalhando remotamente. Elas conseguiram abrir a empresa sem investidores externos, contando com as próprias economias e trabalhos freelance nos primeiros dois anos para complementar as receitas de venda de viagens. "Meu salário agora é comparável ao que eu estava ganhando em publicidade", diz Danielle. "Mas minha qualidade de vida e o meu horário de trabalho são tão melhores que não é possível comparar. Estamos sendo pagas para viajar pelo mundo com grupos de mulheres, como estrelas do rock." Allison acrescenta: "Quando encontramos algo que nos ilumina, precisamos simplesmente fazer isso."

POSTURA DO CACHORRO OLHANDO PARA BAIXO AO REDOR DO PLANETA

EU ERA PRODUTORA DE REALITY SHOW em Nova York fazia mais de uma década. Todo mundo que trabalha na TV está sempre estressado, mas isso me dava um barato, uma emoção e um propósito. Além disso, eu era boa em falar com as pessoas e fazê-las se abrirem e compartilharem suas histórias em frente às câmeras.

Depois de cerca de seis anos, notei que as coisas que eu tanto amava começaram a perder o brilho. Comecei a sentir o preço que o trabalho estava cobrando. Eu sentia um barato emocional quando um programa ia bem e o pior baixo astral quando não ia. Passei a me perguntar o que era que eu estava fazendo. Eu pensei: "Por que estou querendo explorar as pessoas? Isso não está me tornando uma pessoa melhor nem fazendo isso por elas." Eu estava me tornando meio irritada e maldosa.

Eu me mudei para um novo apartamento e me lembro de olhar em volta e pensar que tínha tudo o que queria: um namorado, um emprego com alto salário, bolsa e sapatos caros e uma ótima vida social. Mas ainda assim sentia que estava faltando alguma coisa.

Fiz uma aula de ioga e imediatamente notei uma diferença em como me sentia. Meus amigos acharam engraçado. "Marina, você está fazendo ioga?". Eles me viam como uma pessoa superintensa. Todos pensavam que era uma fase, como quando comecei a levantar pesos ou costurar. Mas entendi imediatamente que a ioga estava preenchendo o que estava faltando. Eu pensei: "Isso está me tornando melhor. Eu estou me tornando completa."

Depois de três anos, uma professora mencionou que estava fazendo um programa de treinamento de professores e achou que eu gostaria de participar. Eu disse a ela que tinha um trabalho muito exigente e que não queria dar aulas de ioga. Ela me ofereceu o treinamento de graça em troca de algumas filmagens promocionais. Foi extraordinário que ela visse em mim algo que eu ainda não tinha visto.

Depois de completar meu treinamento fundamental de 200 horas, fui à Índia para fazer um treinamento avançado e dei uma boa olhada em minha vida. "Que tipo de mulher estou me tornando?" Não fiquei feliz com o que vi. Eu tinha um catálogo de relacionamentos fracassados. Não tinha intimidade com ninguém. Meu trabalho era insatisfatório. Eu sabia que algo precisava mudar, mas ainda não tinha certeza de como. Quando voltei para Nova York, consegui um emprego em um programa que me deixava viajar, mas isso não foi o suficiente.

Um amigo me apresentou a Jorge Branco, por e-mail, pensando que teríamos muito em comum. Ele estava começando um negócio organizando retiros voluntários. Nós conversamos pelo telefone sobre ambos querermos viver um tipo de vida diferente, mas a diferença era que ele estava fazendo isso, e eu não. Jorge estava começando um negócio realizando viagens de aventura de dez dias que incluíam um projeto de voluntariado.

Passamos quatro dias juntos, e Jorge me disse que queria incluir ioga em suas viagens e me ofereceu a oportunidade de me juntar a ele no Marrocos. Eu soube que precisava ir. Eu precisava me comprometer e romper com aquela vida que estava vivendo. Era naquele momento ou nunca mais.

As pessoas sonham com a vida que eu tinha em Nova York, mas o sonho não funcionava mais para mim.

Minha família não conseguia entender o que eu estava fazendo. As pessoas sonham com a vida que eu tinha em Nova York, mas o sonho não funcionava mais para mim. Eu precisava dar adeus ao sonho de toda a minha família. Chorei o tempo todo enquanto esvaziava meu apartamento, quase em luto por minha vida antiga, mas sabia que precisava fazer aquilo.

Jorge e eu moramos juntos no Marrocos, depois voltei para a Índia e passei algum tempo no Nepal e em Bali antes de me juntar a ele em um vilarejo muito remoto na Nicarágua. Através de nossa organização sem fins lucrativos, a World Travelers Association, realizamos retiros em Portugal, Equador, Malásia, Nicarágua, Camboja, Bali, Islândia e Índia. Nós combinamos ioga, aventura e serviços em viagens singulares. Agora, nós dois somos parceiros nos negócios e na vida.

Na TV, eu ganhava US$ 3 mil por semana. Como instrutora de ioga, precisei descobrir como fazer US$ 1 mil durarem três meses. Como no começo eu ainda tentava viver minha vida antiga, gastei parte das minhas economias nos primeiros meses. Estava condicionada por tantos anos vivendo de determinada maneira – fazendo as unhas na manicure, pedindo comida, depilando as sobrancelhas. Quando estava na Nicarágua, onde as condições de vida são muito difíceis – sem eletricidade, sem água quente ou alguns dias sequer sem água –, percebi que era meio que uma princesa!

A Tailândia foi o primeiro país em que conseguimos ganhar algum dinheiro, e temos aumentado constantemente nossos ganhos e pensado em maneiras adicionais de gerar renda, como fazer treinamentos para professores de ioga. Em 2017, faturei cerca de US$ 22 mil, o que foi quase o dobro do que precisei para viver no ano anterior. Vivendo de maneira simples e em países do terceiro mundo, essa quantia pode durar muito tempo.

Eu escolhi um estilo de vida alternativo que me traria recompensas maiores do que o ganho monetário. Mas recompensas como experiências, lembranças, autoexpansão, paz interior e amor podem parecer muito triviais quando eu ainda preciso ganhar dinheiro, administrar um negócio e lidar com fatores externos que podem não ter as mesmas intenções que eu.

O mais difícil é aprender a se adaptar a todas as mudanças. Eu só preciso lembrar que escolhi isso. Eu escolhi deixar minha família e amigos e perambular pelo mundo, mudando a cada dois meses para ter alegria de recomeçar em algum lugar novo. Dizer adeus faz parte da história.

Nunca haverá a hora certa ou a oportunidade perfeita. Você nunca terá a quantidade certa de dinheiro economizado para fazer isso. Se eu tivesse esperado e não tivesse aproveitado a oportunidade que me foi apresentada, eu provavelmente teria me acovardado e nunca sairia. Embora tenha sido assustador, eu precisava mergulhar profundamente na vida que queria e aproveitar a oportunidade que me foi dada.

TRANSFORMAR O MAR EM SEU ESCRITÓRIO

NADIA ALY

DE ESPECIALISTA EM MÍDIAS SOCIAIS

A FUNDADORA DE UM SITE DE MERGULHO, FOTÓGRAFA SUBAQUÁTICA

"Eu não gosto da ideia de um emprego com expediente fixo. Acho muito chato e repetitivo. E ter apenas duas semanas de férias por ano é uma loucura."

MERGULHANDO

Eu cresci no Canadá. Meus pais não sabem nadar. Quando saíamos de férias, amigos da família me levavam para mergulhar. Eu adorava estar na água. Recebi minha primeira certificação de mergulho aos 13 anos.

TORNANDO-SE OBCECADA PELO MERGULHO

Meu primeiro emprego foi em marketing de mídias sociais na Microsoft. Enquanto estive lá, entrei em um concurso on-line de vídeo e acabei ganhando uma viagem de mergulho através do Tourism Fiji. A viagem acendeu esta paixão pelo mergulho. Quando voltei, tentei pesquisar tudo o que pude: onde ver tubarões-baleia, onde ver tubarões-martelo. Os sites que encontrei em 2010 pareciam ter sido construídos no final dos anos 1990. Eu não consegui aprender nada com eles. O mergulho com equipamentos é um setor off-line, administrado por uma geração de pessoas mais velhas que não entendem de mídias digitais e mergulho. Então criei o ScubaDiverLife.com para iniciar uma comunidade digital moderna.

INVESTINDO NO SITE

Eu estava fazendo o site em paralelo, mas sabia que precisava de conteúdo original para crescer. Então comprei o melhor equipamento de foto e vídeo subaquático que pude bancar, mas antes mesmo de sair da loja percebi que nem sabia como usar tudo aquilo. Os proprietários da loja estavam promovendo uma viagem de fotografia subaquática para Bonaire, e eu me inscrevi. Durante cinco dias, todas as minhas fotos saíram pretas, mas depois consegui.

RECEBENDO UM CHAMADO

Um ano depois, visitei o Google a trabalho e pensei: "É aqui que eu quero estar! Na vanguarda da tecnologia." Consegui uma entrevista, mas, durante o processo, descobri que Dave, irmão da minha melhor amiga, havia morrido quatro horas antes de completar 28 anos. Isso realmente me abalou. Acabei conseguindo o emprego, mas pedi demissão depois de oito meses. A morte de Dave mudou tudo para mim. Fiquei alerta em relação ao que eu não queria na vida. Durante meu tempo no Google, fiquei pensando: "Esta vai ser a minha vida? Eu não quero que isso seja a minha vida." O desejo de mergulhar ao redor do mundo continuou crescendo.

TENTANDO UNIR TECNOLOGIA E AVENTURA

Depois de deixar o Google, acabei fazendo marketing para uma associação chamada PADI (Professional Association of Diving Instructors, ou associação profissional de instrutores de mergulho). É a principal associação para certificação de mergulho autônomo no mundo. No começo, parecia uma combinação perfeita, mas eu não estava no mar. Eu não estava viajando. Eu não estava passando um tempo com os tuba-rões-martelo. Eu ainda estava atrás de uma mesa.

ENFRENTANDO O MEDO

Eu comecei o ScubaDiverLife.com como hobby, mas, quando cheguei à PADI, o site tinha 300 mil fãs e havia se tornado uma plataforma. Eu decidi tentar transformá-lo em algo maior e larguei meu emprego. Eu me senti perdida quando deixei a PADI, mas sabia que queria mergulhar no mundo e expandir meu site. Acho que o medo realmente me impediu de fazer isso antes. Eu nasci e cresci no Canadá, onde a assistência médica é gratuita. Nos Estados Unidos, um seguro médico custa mais de US$ 14 mil por ano.

FAZENDO A MARCA CRESCER

Como eu trabalhava em marketing, soube exatamente como aumentar a comunidade do Facebook com anúncios e conteúdo original. Em um mês, tinha uma receita constante de publicidade de empresas de mergulho e de turismo. Eu tinha uma vantagem porque não havia outros sites de mergulho. No começo, eu ganhava US$ 3 mil ou US$ 4 mil por mês apenas com anúncios.

MERGULHANDO AO REDOR DO MUNDO

Para produzir conteúdo, eu precisava pegar a estrada. Eu conseguia trocar trabalho de revisão e criação de conteúdo por viagens com operadoras de mergulho. Tudo o que eu precisava pagar era a minha roupa e o voo. Pude trabalhar com vários conselhos de turismo – incluindo os das Ilhas Cayman, da Dominica, de Bali e das Bermudas – para mostrar às pessoas por que esses eram destinos de mergulho. Isso me carregou por praticamente dois anos. Em 2014, contratei um editor, e agora posso me concentrar apenas em vendas e conteúdo.

LIDERANDO EXPEDIÇÕES

Eu estava constantemente debaixo d'água e me tornei muito boa em fotografia. Tinha pessoas licenciando minhas imagens e desenvolvi uma marca pessoal on-line. Isso me fez levar pessoas a fazer viagens para ensiná-las a tirar fotos embaixo d'água. Este ano, tenho uma viagem para ver tubarões-martelo nas Bahamas e viagens de mergulho para Sudão, África do Sul, Indonésia, Antártica e Galápagos.

VENDO OPORTUNIDADES

Este é o meu terceiro ano realizando uma viagem a Tonga. É bem fácil vender. Não é mergulho, apenas snorkel, e eu estou levando as pessoas para nadar com as baleias jubarte. Eu comprei uma casa em Tonga para hospedar meus clientes. Minha ideia é trabalhar em Tonga de julho a outubro e depois fazer minhas próprias viagens durante o resto do ano. Eu posso facilmente me ver lá por 20 anos. Quando temos nosso próprio negócio, experimentamos algo e vemos se funciona. Se funciona, vamos além.

ENFRENTANDO A REALIDADE FINANCEIRA

Nos últimos cinco anos, pude viajar quase o ano todo e comprar o equipamento de que preciso. No entanto, este é o primeiro ano em que tenho a possibilidade de obter lucro através do site e da empresa de expedição. As pessoas me perguntam o tempo todo como fazer o que estou fazendo. A primeira coisa que digo é: "Você não vai ganhar dinheiro, a menos que queira ter uma loja de mergulho ou seja o melhor fotógrafo. Se quer ter uma família ou comprar uma casa, esqueça. A maioria das pessoas que está no setor de mergulho tem vinte e poucos anos e está fazendo isso pela experiência."

TRABALHANDO AO AR LIVRE

Não gosto da ideia de um emprego com expediente fixo. Acho muito chato e repetitivo. E ter apenas duas semanas de férias por ano é uma loucura. Eu não acho que os seres humanos devam viver assim. Eu posso explorar o mundo e os oceanos, ver novas culturas e conhecer novas pessoas. É exatamente assim que quero viver.

IR EM FRENTE
MESMO COM MEDO

TALLEY SMITH

DE ADMINISTRADOR DE FUNDOS

A GUARDA DE SAFÁRIS NA ÁFRICA DO SUL

A LEI DA SELVA É: Quando você se deparar com um animal selvagem a pé, não corra. Se você mostrar a um animal que está confiante apenas ficando parado, ele às vezes ficará confuso e pensará: "Por que ele está ali parado? Eu deveria estar com medo?". Se você correr, estará mostrando submissão, e ele pode tentar tirar vantagem disso e perseguir você, porque tem a sensação de estar com a vantagem. É muito contraintuitivo ficar parado em vez de fugir, mas é isso que temos de fazer.

Isso se aplica à vida também. Se alguma coisa está dando aquela sensação de medo (para mim, essa sensação parece fisicamente com um buraco no estômago) e você não quer lidar com a situação, esse é um sinal de que você precisa fazer isso. Você precisa tratar da questão. Você precisa enfrentá-la. Não fuja. Essa sensação de medo deveria, na verdade, atrair você ao que provoca isso, em vez de afastar. Depois de enfrentar esse medo, você se sente uma pessoa diferente. Essa atitude traz essa nova sensação de confiança.

Eu cresci nas Bermudas e trabalhei em finanças no começo da minha vida adulta. Eu sempre tive a impressão de que havia algo mais para mim. Eu nunca sentei atrás da minha mesa e pensei: "Quero ser guarda de safáris na África". Nunca pensei que essa fosse uma possibilidade! Eu sabia, no entanto, que amava a natureza e a vida selvagem e que queria viajar à África do Sul para explorá-la. Marquei umas férias, planejando ficar aqui por apenas algumas semanas.

Durante a viagem, vi um leopardo na natureza e me lembro de ficar embasbacada com a experiência. Tendo crescido nas Bermudas, eu nunca tinha visto esse tipo de vida selvagem antes. Foi muito emocionante. Eu me lembro de, naquele momento, pensar comigo mesma: "Existe esse mundo lá fora que é muito maior do que nós". Eu soube então que era algo de que queria continuar fazendo parte de alguma maneira.

Voltei para as Bermudas por duas semanas e disse à minha família: "Adorei a África e vou voltar". Eles pensaram que eu estava completamente louca. Obviamente, não entenderam mesmo o que eu estava fazendo. Eles nunca haviam estado no sul da África, tinham acabado de ouvir coisas horríveis que às vezes são retratadas nas notícias, sobre crimes e coisas do tipo. Eles tinham apenas que confiar em mim.

Voltei para a África com um plano de viver de minhas economias por alguns meses enquanto fazia trabalho voluntário para ganhar experiência. Comecei como estagiária em uma pousada no Delta do Okavango, em Botswana, auxiliando nas tarefas operacionais. Então conheci uma guarda-florestal chamada Jana, que me disse que eu deveria me tornar guarda porque era claramente apaixonada pela natureza e a vida selvagem.

Ser guarda-florestal é fazer parte de um setor dominado por homens. As poucas guardas que conheci eram muito duronas. Eu realmente tirei meu chapéu para elas, mas foi só quando conheci Jana que senti que aquilo era algo que eu poderia fazer. Ela era muito gentil, mas ainda assim trabalhava com seu rifle, trocando pneus furados, liderando grupos, tão bem quanto qualquer outro guarda.

Para se tornar um guia, especialmente quando não se é da África do Sul, é preciso fazer treinamento de guarda-florestal. É assim que muitas pessoas do exterior entram na carreira. É muito treinamento de direção, de conhecimentos básicos sobre a vida selvagem, estudo de ecologia e depois o treinamento com rifle. A verdade é que a gente obtém a maior parte do conhecimento no trabalho, especialmente quando se trata de aprender o comportamento animal.

Meu programa de treinamento levou cerca de seis meses. Certas coisas foram um desafio. Nas Bermudas, armas de fogo são ilegais. Eu nunca tinha visto uma arma, muito menos disparado uma. Eu trabalhei duro para dominar o rifle. As partes mais difíceis são as avaliações que testam a velocidade e a precisão usando um rifle sob pressão. Quando nos desafiamos, acabamos surpreendendo a nós mesmos a maior parte do tempo.

Após o treinamento, consegui um emprego em um alojamento como guia júnior. Eles realmente correram um risco ao me contratar: uma garota loira das Bermudas recém-saída da escola de guias. Eu trabalhei lá por dois anos e então vim para a reserva de caça Londolozi, que tem seu próprio programa intenso de treinamento para testar a força e o caráter e a forma como operamos na natureza. Todo o programa é pensado para fazer os alunos se superarem e ainda acreditarem que são capazes de cuidar dos visitantes em uma situação potencialmente perigosa. Uma das coisas que o programa exige é que o aluno fique no meio da natureza durante uma semana e se cuide sozinho. É uma experiência incrivelmente intensa mental e fisicamente caminhar por quilômetros e esbarrar em um rinoceronte ou ficar frente a frente com uma cobra venenosa ou se ver em meio a uma imensa manada de elefantes e confiar em si mesmo para tomar a decisão certa. Não é apenas uma questão de "eu consigo fazer isso para conseguir o emprego que quero?", mas também de "eu vou sair vivo?". Eu precisei me esforçar até encontrar dentro de mim mesma esses lugares que eu não sabia que estavam lá.

Agora sou chefe de guarda em Londolozi, supervisionando 25 guardas e 25 batedores. Acho divertido que eu seja chefe de uma equipe toda composta de homens. Quando as pessoas me perguntam como cheguei aqui, eu lhes digo: "Você pode não saber qual é o objetivo final, e tudo bem. Você só precisa sair da caixa em que está e assumir riscos que podem parecer um pouco loucos no momento."

Essa SENSAÇÃO DE MEDO deveria, na verdade, ATRAIR VOCÊ ao que provoca isso, em vez de afastar.

COMO CHEGUEI AQUI

O caminho de Talley Smith à posição de chefe de guarda-florestal

BABÁ

ESTAGIÁRIA DE AQUÁRIO

ASSISTENTE DE CAPITAL DE RISCO

CAVALARIÇA

ADMINISTRADORA DE FUNDOS

ESTAGIÁRIA DE ALOJAMENTO

ESTAGIÁRIA DE EMPRESA DE CAÇA

GUIA DE RESERVA DE CAÇA

**CHEFE DE GUARDAS-FLORESTAIS DA RESERVA
DE CAÇA LONDOLOZI**

FOI UM APLICATIVO DE NAMORO que conectou Eulanda, ex-professora de dança e fotógrafa de casamentos do Colorado, e Omo, executivo de TI de Lagos, na Nigéria. Seis anos atrás, os dois moravam em Londres e ambos colocaram em seus perfis que eram apaixonados por comida e viagens. O algoritmo do site fez sua mágica, e o casal se conectou, se apaixonando enquanto viajava, cozinhava e explorava a nova cidade em que estavam morando.

Como queriam documentar suas viagens para compartilhar com amigos e familiares além do Facebook, Eulanda e Omo começaram um blog como um diário on-line de suas aventuras. "No começo, era: Vamos cozinhar alguma coisa neste fim de semana. Vamos escrever uma história. Vamos mostrar as fotos. Nós não estávamos pensando nisso de maneira muito jornalística", diz Omo. Eulanda aproveitou suas habilidades como fotógrafa, e o site evoluiu para apresentar receitas e guias de destinos, com reflexões sobre saúde, relacionamentos e tentar coisas novas. Eles batizaram o blog de Hey! Dip Your Toes In (Ei, mergulhe os dedos dos pés), que é uma espécie de mantra para a dupla, que sempre tem como objetivo sair da zona de conforto para criar uma vida rica para si.

Hey! Dip Your Toes In foi lançado em março de 2015 e, no final daquele ano, por impulso, Omo inscreveu o site no UK Blog Awards. Na primavera de 2016, a dupla foi finalista nas categorias de comida e viagem. "Achamos que isso foi uma grande conquista", diz Omo. Eles ficaram ao mesmo tempo chocados e emocionados quando realmente ganharam na categoria de Comida e Bebida e foram vice-campeões na categoria Viagem. "Foi um alerta de que estávamos tratando isso como um projeto de paixão", diz Omo. "O que poderíamos fazer se nos dedicássemos a isso?"

Marcas, produtores de TV e editores começaram a procurá-los. "Os prêmios não nos transformaram em superastros da noite para o dia. Nossos números ainda eram baixos, e precisamos aumentar a rede e a comunidade organicamente. Mas isso nos deu mais credibilidade para conseguirmos conversar com marcas que não havíamos conseguido abordar antes", explica Omo. Depois que eles fecharam a primeira parceria de marca com a IBM alguns meses depois, a dupla voltou o foco para a criação de conteúdo – basicamente tornando o blog uma plataforma digital em que são pagos para publicar histórias para marcas de alimentos e viagens.

Nos primeiros dias, eles apenas documentavam suas próprias aventuras. Agora, estão sendo pagos para viajar. "Fizemos um cruzeiro para ver o grande prêmio de Mônaco. Eu fui em missão com a revista House of Coco para Abu Dhabi. A Etihad me levou de classe executiva, me hospedou no lindo Yas Viceroy por seis dias, e eu fui ao Taste of Abu Dhabi como convidada VIP", diz Eulanda. "Estamos tendo oportunidades inacreditáveis."

Omo continua trabalhando em TI, concentrando-se no blog em paralelo, enquanto Eulanda deixou seu trabalho de professora para trabalhar no site em tempo integral. "Eu estava no mundo da dança e no mundo das artes cênicas, sem atingir o nível de sucesso que desejava", diz Eulanda. "Agora, ser capaz de usar tantas partes de mim mesma foi um sonho que se tornou realidade."

Com o site prosperando, o mesmo aconteceu com o relacionamento deles. "A oportunidade de trabalhar juntos como casal nos testou. Os benefícios são incríveis. Nós passamos a nos conhecer de uma maneira totalmente diferente, aprendendo muito sobre paciência e dar e receber", diz Eulanda. "A parte importante deste ecossistema somos nós dois. Nós estamos construindo um sonho um para o outro." Eulanda e Omo admitem rapidamente que, embora o site tenha lhes proporcionado inúmeras oportunidades de viagem, também exigiu uma quantidade enorme de trabalho para torná-lo financeiramente viável como carreira. Existe essa fantasia de desistir da profissão e viajar pelo mundo, sustentando-se com alguns artigos aqui e ali. No entanto, uma carreira assim é uma operação 24/7 que exige um pensamento fora da caixa para gerar renda duradoura. "Se houver a possibilidade de entrar na criação de conteúdo, você precisa ter um plano forte. Isso não é para os fracos", diz Eulanda. "Economize, não saia simplesmente do seu trabalho. Isso não é realista! Existem poucos blogueiros que chegaram a um ponto em que ganham toda a renda através de seus blogs. É preciso criar múltiplos fluxos de renda."

OBTENHA UM FLUXO DE RENDA RUMO AO SUCESSO

Ser pago para viajar exige muito trabalho e pensamento criativo, por isso Eulanda e Omo trabalham com essas dez oportunidades diferentes de ganhar dinheiro. Blogueiros, anotem.

RETIROS

Duas vezes por ano, realizamos retiros com base em destinos para pequenas empresas e empreendedores criativos. Nós viajamos com blogueiros ou criadores de conteúdo em busca de treinamento. Estamos calculando ganhar uma média de £ 2 mil (cerca de US$ 2,6 mil) por retiro em 2018.

WORKSHOPS

Nós organizamos workshops de três horas para criadores de conteúdo com foco no ensino de habilidades cobiçadas dentro da indústria, como edição de vídeo, apresentação de propostas e trabalho com marcas. No passado, ganhamos uma média de £ 300 (cerca de US$ 400) por workshop.

CAMPANHAS

Nós criamos campanhas de conteúdo detalhadas e personalizadas para marcas de viagens e alimentos. Essas campanhas apresentam vários tipos de conteúdo, como vídeos, infográficos, fotos, textos, enquetes e posts de mídias sociais. Depois, executamos a campanha de conteúdo por duas a três semanas. Nosso pacote inicial começa em £ 699 (cerca de US$ 900).

FOTOGRAFIA DE ALIMENTOS E FILMES DE DESTINOS

Esta é atualmente a nossa fonte de receita mais consolidada e com o maior rendimento. Trabalhamos com conselhos de turismo, empresas de turismo gastronômico e diversos outros clientes. Prevemos ganhar mais de £ 15 mil (cerca de US$ 19,5 mil) este ano.

COACHING

Oferecemos coaching personalizado para empreendedores do setor criativo. Temos um pacote de três meses que custa £ 1,5 mil (cerca de US$ 1.950). Ou os clientes podem nos perguntar qualquer coisa em chamadas virtuais de coaching por £ 25 (cerca de US $30) por 15 minutos.

PALESTRAS E ENTREVISTAS

Fazemos um pequeno número de palestras gratuitas (painéis, entrevistas ao vivo), que sempre levam a novos clientes. Como a realização de palestras oficiais envolve muito tempo e preparação, para isso, pedimos o pagamento de uma taxa.

PRODUTOS

No momento, estamos colaborando com o Women in Travel (CIC) em um curso on-line de empreendedorismo de viagens que será vendido pela Udemy. Estamos testando algumas ferramentas de edição de fotos que esperamos lançar em junho. Esses dois produtos têm o potencial de gerar £ 4 mil (cerca de US$ 5 mil) em um ano. Também estamos discutindo dois livros.

ESCRITA FREELANCE

Nós escrevemos para diversas publicações de turismo. No entanto, planejamos fazer menos disso, para podermos dedicar nosso tempo à criação de mais produtos. Dependendo da contagem de palavras, recebemos de £ 150 a £ 350 (aproximadamente de US$ 200 a US$ 450) por artigo.

EVENTOS

Atualmente, colaboramos com a Melanin Travel para realizar eventos de networking da Shades of Travel, direcionados a profissionais de viagens etnicamente diversificados. Promovemos dois eventos em 2017, e o nosso evento mais recente esgotou. Nós projetamos ganhos de £ 1.500 (cerca de US$ 1.950).

AFILIAÇÕES

Nós participamos de várias redes afiliadas, incluindo Amazon, Get Your Guide, Viator, Booking.com e outras. Esta é atualmente a nossa área de menor rendimento, apenas devido à falta de desenvolvimento e foco. Nos próximos meses, esperamos ganhar um mínimo de £ 300 (cerca de US$ 400) por mês de nossas afiliações.

VER O MUNDO

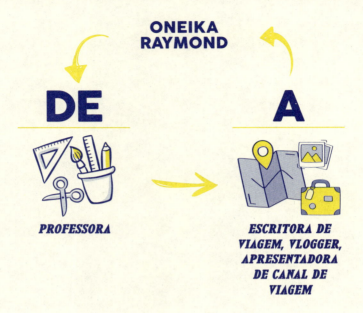

ONEIKA RAYMOND

DE PROFESSORA

A ESCRITORA DE VIAGEM, VLOGGER, APRESENTADORA DE CANAL DE VIAGEM

"Se havia um momento para fazer essa virada, era agora. Foi uma aposta calculada, mas que funcionou para mim."

TUDO COMEÇOU COM um ano de faculdade na França. A canadense Oneika Raymond adorou tanto a experiência de viver na Europa que não queria voltar para casa. "Percebi que adorava viajar e que era algo que eu queria tornar parte da minha vida", diz Oneika. "Assim que voltei para a escola no Canadá, comecei a planejar uma maneira de voltar para o exterior."

A passagem de volta para a França foi um trabalho ensinando inglês em uma escola secundária francesa após a formatura. Na época, os requisitos para o ensino de inglês como segunda língua no exterior eram um diploma universitário e fluência nativa em inglês. Como os salários variam de US$ 2 mil a US$ 4 mil por mês (às vezes isentos de impostos, dependendo do país), era um movimento perfeito para uma recém-formada.

Depois que o ano escolar acabou, Oneika decidiu voltar ao Canadá para obter seu mestrado em pedagogia. Com isso, ela sabia que poderia conseguir um salário mais alto ensinando inglês ou francês em escolas britânicas ou americanas ao redor do mundo.

Oneika passou os dez anos seguintes ensinando no México, em Hong Kong e em Londres. Nos finais de semana e nas férias, explorava diferentes cidades e países. "Eu simplesmente olhava para os lugares que ficavam próximos de onde eu estava e ia onde quer que fosse mais barato."

Para narrar suas aventuras para amigos e familiares, Oneika criou um blog no início de 2005 chamado Oneika the Traveler. Na era pré-Instagram, o blog também permitiu que ela se conectasse com outros expatriados. Quando percebeu que tinha seguidores além de seu círculo íntimo, ela começou a escrever conselhos para outras pessoas que quisessem morar, dar aulas ou trabalhar no exterior.

Seis anos depois, quando dava aulas em Londres, Oneika viu que poderia aproveitar seu grande número de seguidores para que as marcas patrocinassem suas viagens em troca de exposição em seus canais de mídias sociais e no site. Cinco anos depois disso, ela precisou escolher entre manter o blog e dar aulas. "Eu me mudei para Nova York, por conta do trabalho do meu marido. Eu tinha dado aulas por dez anos e estava tendo muitas oportunidades de viajar. Se havia um momento para fazer essa virada, era aquele. Foi uma aposta calculada, mas que funcionou para mim", diz Oneika. "Eu ganho mais dinheiro agora. Eu sou uma jornalista de viagens e ainda blogo um pouco. Sou paga pelas fotos que faço. Eu apresento duas séries no Travel Channel: *One Bag and You're Out* e *Big City, Little Budget*. Eu também trabalho como embaixadora de marca em campanhas e faço aparições na TV."

A desenvoltura de Oneika em frente às câmeras foi uma bênção para sua carreira e uma maneira de aumentar seu apelo para marcas e programas de TV. "Eu sempre tive um talento para o drama e, na adolescência, queria ser jornalista de rádio e TV", revela ela. Entrando em seu segundo ano como freelancer, ela só vê mais oportunidades. "Eu venho trabalhando para isso há muito tempo. Adoro ver coisas novas todos os dias. Adoro conhecer pessoas de todo o mundo. Agora o mundo é o meu escritório."

4
RETRIBUA

**Voltar-se para o trabalho beneficente /
Aumentar a conscientização / Correr para o
desastre / Começar uma nova economia /
Causar um impacto**

SEGUIR UMA CARREIRA APENAS PELO GOSTO ou pelo desafio ou porque as vantagens sempre serão poucas para você.

Você precisa sentir que, se está indo para o trabalho, há um propósito real por trás disso. Você quer ver resultados que mudem a vida, não sejam medidos simplesmente por lucros, vendas, cliques ou números. Você quer ver transformação em sistemas que não estejam funcionando. Você quer criar soluções. Você quer promover mudanças duradouras.

Este capítulo destaca pessoas com origens muito diferentes – recursos humanos, pesca comercial, agências de talentos, cinema, beleza, finanças e NFL –, mas que tiveram aquele momento em que perceberam que queriam consertar, resgatar, capacitar, curar e impactar vidas. As carreiras anteriores desses profissionais simplesmente não serviam mais. Eles fizeram sacrifícios, venderam seus bens e deram adeus a grandes salários. Eles voltaram para os bancos escolares, encontraram mentores, entregaram suas vidas a Deus, aprenderam a curar, combater incêndios, salvar vidas e restaurar os oceanos.

O mundo enfrenta muitos problemas e muitas chances de fazer parte da solução.

Por que não ajudar?

AGIR QUANDO NINGUÉM MAIS ESTIVER AGINDO

A TRAJETÓRIA DE SCOTT NEESON de aluno que abandonou o ensino médio a presidente de um estúdio de cinema internacional é atraente por si só. Então ele se afastou de sua vida glamorosa e se mudou para o outro lado do mundo para viver em um país do terceiro mundo. Aqui está o porquê.

Descreva sua vida antes de você visitar o Camboja pela primeira vez.
Eu não terminei o ensino médio. Por acaso, consegui um emprego em um cinema na Austrália e comecei a trabalhar a partir dali. Eu tinha o que a maioria das pessoas consideraria o emprego dos sonhos, como presidente da 20th Century Fox International. Eu voava de primeira classe, ia às cerimônias de entrega do Oscar, dirigia meu Porsche para os restaurantes mais sofisticados. Realmente, é um estilo de vida muito sedutor. Para um menino de classe trabalhadora, era um sonho absoluto. As pessoas falam sobre o quanto devia ser vazio aquilo tudo para mim. Não era. Quando estamos vivendo isso, aproveitamos.

Qual foi o momento que mudou tudo para você?

Eu deixei a 20th Century Fox para trabalhar na Sony Pictures e tive um intervalo de cinco semanas, durante o qual decidi viajar pelo sudeste da Ásia. Passei alguns dias em Phnom Penh antes de ir a Angkor Wat. Fui a um aterro municipal, e o lugar era inacreditável. O lixão de Steung Meanchey é do tamanho de cerca de 20 campos de futebol, incrivelmente quente, e o cheiro é insuportável. Eu vi cerca de 1,5 mil crianças trabalhando lá, juntando lixo para vender e conseguir dinheiro para comer. Alguns cavavam buracos em pedaços de plástico e dormiam lá à noite.

Como você reagiu?

A reação instintiva é ajudar. Sem conhecer o país ou ter acesso a recursos sociais, isso significou interferir para ajudar uma criança que estava passando por mim. Aquele único momento foi a faísca que deu início ao Fundo das Crianças do Camboja. Teve uma garota que eu conheci, Srey Nich, ela, a mãe e a irmã moravam no lixão, e a irmã estava gravemente doente, com febre tifoide. Como eu estava no mundo corporativo, o que eu sabia fazer muito bem era resolver problemas. Naquela época, trabalhei com a mãe da menina para conseguir um quarto para elas ficarem, matriculei Srey Nich na escola pública e levei a irmã dela para o hospital. Montei um sistema no qual eu enviava dinheiro para meu amigo local, e ele o repassava à mãe todos os meses para pagar o aluguel e comprar comida. Isso levava 45 minutos e me custava apenas US$ 45 por mês.

Como isso evoluiu de ajudar Srey Nich a ajudar outras crianças?

O que mais me impressionou no depósito de lixo foi que ninguém mais estava ajudando. Eu voltei para o hotel e continuei incomodado com o fato de que, em uma hora, eu havia mudado o curso da vida daquela família. Eu não dormi naquela noite. No dia seguinte, voltei lá com o mesmo cara e encontrei outras quatro crianças. Consegui que elas fossem para a escola e tivessem onde dormir. Isso continuou até que eu finalmente precisei voltar para a Sony e começar meu trabalho. Quando saí, estava comprometido em sustentar 18 crianças.

Como você se sentiu ao voltar à sua vida fascinante de Hollywood?

A experiência no Camboja causou um impacto muito forte, e eu não queria voltar ao mundo de Hollywood. No entanto, eu tinha 45 anos e, especialmente em Los Angeles, a gente vê algumas das piores crises da meia-idade, e eu não queria me tornar mais um desses. Não queria jogar fora 26 anos de trabalho e seis meses depois perceber o quanto eu havia sido bobo. Fiz a mim mesmo uma promessa de não fazer nada por 12 meses. Durante esses 12 meses, fiz 11 viagens ao Camboja. Eu inventava um monte de desculpas para visitar nossos escritórios asiáticos ou viajar com os principais atores indo para a Ásia.

De certa forma, você estava vivendo uma vida dupla. O que fez você escolher uma em vez da outra?

Eu viajei de Tóquio a Phnom Penh depois de uma estreia e fui direto para o aterro. Uma das avós estava bastante agitada e me levou para uma parte mais distante do lixão. Havia um pequeno grupo de crianças em estado grave, em vários estágios de febre tifoide. Ninguém conhecia o histórico delas e ninguém as levaria para um hospital. Elas estavam apenas sobrevivendo sozinhas. A mais velha tinha oito anos, e a mais nova, três. Elas haviam sido deixadas lá por pais que não as queriam mais. E foi ali. Aquele foi um momento de verdadeiro confronto.

Naquele exato momento, meu celular tocou, e era o meu escritório em Los Angeles, que estava fazendo a ponte entre um ator e seu agente. Eles estavam muito zangados. Os dois estavam deixando Tóquio e nosso escritório tinha colocado um PlayStation no G4, mas nosso ator só tinha jogos de Xbox com ele, então, ele se negava a entrar no jato. Ele não parava de falar sobre o fato de que era um voo longo e "eu disse especificamente a todos que eu era jogador de Xbox". O ator fez um comentário do tipo: "Minha vida não era para ser tão difícil". Eu o acalmei. Eu tratei disso.

Como você reagiu?

Quando desliguei, todas as minhas dúvidas e preocupações, aquela sensação de ansiedade sobre querer me mudar para o Camboja, tudo aquilo havia desaparecido. A gente quer ter algum tipo de validação de que está fazendo a coisa certa, e ninguém dá isso para a gente. Mas aquele momento foi cristalino. A vida que eu estava vivendo apareceu no passado, e estar naquele depósito de lixo com crianças morrendo se tornou minha vocação. Não importa qual seja a sua religião, aquilo deve ter sido alguma intervenção espiritual. Eu levei meses para romper meu contrato, por uma série de razões, mas eu me livrei dele. Eu vendi minha casa, vendi muitos dos meus bens, eu me mudei para o Camboja e criei o CCF para ajudar crianças com educação, apoio familiar e desenvolvimento comunitário. Agora estamos trabalhando com mais de 2 mil crianças.

Qual foi a reação dos seus amigos e da sua família quando você disse que estava se mudando para o Camboja?

Ninguém achou que fosse a coisa certa a fazer. Ninguém realmente entendeu. A reação mais comum foi dizerem que eu voltaria em seis meses. Meus amigos mais íntimos me alertavam contra isso, dizendo: "Olhe para tudo que você está deixando! Você tem uma namorada linda! Você tem um carro, um barco! O que você está fazendo?".

Quais foram os maiores obstáculos para você naquele primeiro ano no Camboja?

Eu passava a maior parte do dia, sete dias por semana, naquele horrível depósito de lixo. Como tive asma quando criança, meus pulmões não eram muito fortes. Devido às toxinas que queimavam, fiquei muitas vezes doente, com infecção brônquica. Tive pneumonia uma vez. Mas eu tinha uma ansiedade terrível por tirar aquelas crianças daquele lixão. A capacidade de mudar completamente a direção da vida de uma criança era notável.

A primeira garota que você conheceu, Srey Nich, acabou de se formar em economia. Como foi isso para você?

Eu quase caí no choro. Não tem a ver apenas com educação. No Camboja, existe uma verdadeira disparidade de gênero. Dá para ver o quanto as mulheres são maltratadas. Existe falta de qualquer tipo de dignidade e compreensão de quais são seus direitos. Nós estamos realmente focados em fazer com que todos, especialmente os meninos, entendam os direitos das mulheres e a igualdade emocional e que a violência doméstica não é aceitável. Os nossos 26 universitários não estão apenas com boa formação, eles têm uma verdadeira noção da necessidade de retribuir à sociedade e combater a pobreza.

Como você descreveria sua vida atual?

Eu estava em Los Angeles dois meses atrás, sentado no terraço de um belo hotel, bebendo um bom uísque, pensando no que vivi e percebendo pela primeira vez do quanto eu havia desistido – de ter um bom relacionamento ou qualquer relacionamento. De ter uma vida em que não se está vivendo em meio à pobreza extrema e atos de violência aleatória. Eu sinto falta disso. Mas tenho muita sorte de estar onde estou e de fazer o que faço. A grande questão é sobre a vida em geral que eu vivi, e não há absolutamente nenhuma maneira de eu me arrepender disso. Eu tomei a melhor das decisões. Eu vivi uma vida que ninguém mais viveu. Eu encontrei meu dharma, estou no meu ritmo.

ESCUTAR, CURAR, CAPACITAR

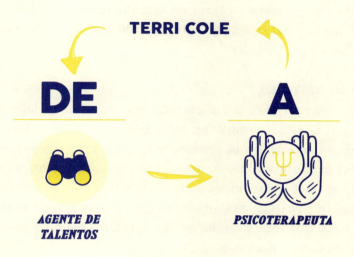

TERRI COLE

DE — AGENTE DE TALENTOS
A — PSICOTERAPEUTA

TRABALHANDO COM SUPERMODELOS

Um dos meus primeiros trabalhos foi em uma agência comercial. Eu agenciava mães loiras de Connecticut para anúncios de detergente. Não era algo de que eu gostasse. Em seguida, uma agência de talentos me contratou para trabalhar em sua divisão de modelos de moda. Era muita negociação de contratos, pensando em tudo o que poderia acontecer e dar errado.

AJUDANDO AS PESSOAS A FICAREM SAUDÁVEIS

Eu parei de beber quando tinha 21 anos. Então eu tinha várias coisas acontecendo na minha vida que me faziam saber que havia coisas mais importantes do que uma campanha da Pantene. O que mais me animava? Levar alguém para uma clínica de tratamento de drogas, ajudar pessoas com transtornos alimentares, conseguir ajuda para quem estivesse com depressão. Encaminhei dezenas de modelos para a terapia, tentando capacitá-las. Eu estava sempre tentando fazer as modelos se sentirem capazes, porque é um negócio horrivelmente misógino.

QUERENDO ALGO MAIS SIGNIFICATIVO

Eu estava lidando com divas como Naomi Campbell. Foi a minha última atividade na agência. Eu pensei algo como: "Muito bem, tem que haver algo melhor para eu fazer da minha vida do que deixar Naomi Campbell ainda mais rica do que ela já é. Isso não pode ser o meu dharma. Não pode ser."

FAZENDO UM MESTRADO

Eu me inscrevi para um mestrado em trabalho social clínico na NYU. Eu tinha feito a graduação ruim para ser líder de torcida. Mas tinha boas notas, e sabia que poderia fazer com que a escola compreendesse a conexão entre o que eu estava fazendo como agente de modelos e ser terapeuta. Na entrevista, pude contar histórias de diferentes intervenções que realizei e falar sobre como queria ajudar as mulheres a terem uma vida melhor. Acho que foi o que me fez entrar: eu estava superapaixonada por aquilo.

TORNANDO-SE TERAPEUTA

Meu consultório atendia 90% de atores, diretores, pessoal de som, pessoal de iluminação, equipes da Broadway e artistas. Eu tinha a especialidade de ter trabalhado na área do entretenimento, então entendia suas vidas. Como terapeuta, eu poderia ajudá-los a tentar traçar limites, ensiná-los a falar de maneira autêntica, ensiná-los a meditar.

ALCANÇANDO MAIS MULHERES

Mais ou menos no início, eu também me tornei *coach*, porque simplesmente não me encaixava na caixa de terapia. Eu trabalho apenas com clientes antigos, com um pequeno grupo de clientes, mas também realizo cursos on-line. Meu trabalho está totalmente voltado para a capacitação feminina e a dar esperança de verdade. Um dos meus cursos é o Boundary Bootcamp, que trata sobre limites, porque esse é um problema muito grande, especialmente para as mulheres. Eu publico vídeos e posts de blog semanais. Eu faço muitas coisas de graça, tentando alcançar pessoas que não possam pagar pelo meu curso. Eu quero alcançar o máximo de mulheres possível.

O que mais me ANIMAVA?

NÃO É UMA PROVA DE VESTIDO

Eu tive uma experiência de câncer no meio da minha mudança profissional de agente para terapeuta. Isso teve muito a ver com o meu despertar e me dar conta de que viver à base de cafeína, cigarros e viagens o tempo todo não era a melhor vida que eu poderia levar. Receber um diagnóstico de câncer – e eu passei por isso duas vezes, fazendo duas cirurgias – realmente mudou os riscos que eu estava disposta a assumir. Isso realmente me acordou para querer agregar valor, para saber que o tempo é essencial. E se você vivesse como se estivesse morrendo? Que escolhas diferentes faria? De que coisas você não reclamaria? Que insignificâncias você talvez deixasse para lá se realmente se lembrasse de que tudo é um presente? Toda a experiência, todas as lições, toda alegria e toda tristeza, tudo é um presente.

ENTÃO VOCÊ QUER...
VOLTAR-SE PARA O TRABALHO BENEFICENTE

Adam Braun deixou Wall Street para iniciar dois empreendimentos educacionais projetados para ajudar as pessoas a transformar suas vidas: Pencils of Promise, uma organização que constrói escolas e programas educacionais em todo o mundo, e MissionU, um programa de um ano que reinventa a faculdade. Se você quer focar sua carreira em retribuir, aqui estão os cinco principais conselhos dele.

1
ESTENDA SUA ATUAÇÃO

A verdadeira autodescoberta começa onde a sua zona de conforto termina. Isso pode significar viajar, mudar seu círculo de relacionamentos ou modificar os hobbies e interesses. Expor-se a algo que você nunca imaginou que lhe despertaria interesse é o caminho mais rápido para descobrir quem você é.

ENTENDA COMO FUNCIONAM AS INSTITUIÇÕES E AS ORGANIZAÇÕES DE CARIDADE ANTES DE CRIAR A SUA

Nem todo mundo precisa ser um fundador. No máximo, você vai lidar com uma porção de detalhes administrativos que não são tão fascinantes quanto as pessoas pensam. Encontre uma instituição em que você acredite profundamente e tente encontrar uma maneira de trabalhar com ela. No mínimo, você aprenderá com a experiência, e isso ajudará a aumentar sua confiança para quando você criar a sua própria organização.

IGNORE OS PESSIMISTAS (HAVERÁ MUITOS)

No começo, a maior parte se resume a ter a força para continuar trabalhando em algo que quase todo mundo vai dizer que não vai funcionar. A maioria das pessoas disse que seria impossível, em 2008, arrecadar dinheiro para construir escolas em áreas rurais do mundo em desenvolvimento com a economia implodindo. Eu tinha 24 para 25 anos, muito pouco dinheiro, e meus amigos estavam todos perdendo o emprego, mas eu consegui.

ESTABELEÇA METAS FINANCEIRAS REALISTAS

Qualquer novo empreendimento apresenta desafios para garantir que você possa continuar a arrecadar fundos de maneira bem-sucedida todos os anos. Existe pressão para você superar a si mesmo e levantar mais capital do que no ano anterior, e isso muitas vezes pode ser desafiador, especialmente porque a economia pode ir e vir.

CONTRATE PESSOAS COM A MESMA MISSÃO

No começo, você precisa ser determinado e intencional quanto à cultura que pretende criar dentro da sua empresa e organização. Você precisa colocar essa cultura à frente e no centro de diversas maneiras e tentar encontrar pessoas que possam aumentá-la e acelerá-la através de suas próprias contribuições exclusivas. Em nosso processo de entrevista, sou muito franco sobre essa cultura e pergunto: "Quais são os três valores que você gostaria de trazer para a nossa cultura que mais lhe interessam?". As respostas do candidato são tão importantes quanto o que está em seu currículo.

AUMENTAR A CONSCIENTIZAÇÃO

SENDO ARTISTA E ATLETA

A arte sempre foi grande parte de quem eu sou. Eu ganhei uma competição de arte e fiz meu primeiro mural comissionado para o estado de Maryland quando tinha 11 anos de idade. Aos 13 anos, fiz cursos de arte de nível universitário com uma bolsa de estudos. Eu me formei em artes integrativas e radiodifusão jornalística na Penn State. Com o futebol, comecei aos cinco anos e acabei jogando na NFL. Fui recrutado com um ano de antecedência para o Buffalo Bills.

DISTINGUINDO A REALIDADE DOS SONHOS

Desde criança, eu dizia: "Eu vou jogar na NFL e vou ser famoso". Eu sempre tive esse plano. Eu me vi vivendo alguns marcos na NFL, mas então a gente realmente chega lá e percebe que não era o que achava que seria. Quando somos mais jovens, pensamos apenas no dinheiro, na fama, na oportunidade que milhões de pessoas gostariam de ter, mas não pensamos no microscópio sob o qual se vive. Não pensamos na forma como tudo o que dizemos é julgado, a cobrança mental que sofremos, o fato de que não temos chance de participar da vida da nossa família e das pessoas da comunidade da maneira como gostaríamos.

RETRIBUINDO

Quando eu era menino, todos os atletas que eu idolatrava eram caras icônicos por quem eles eram fora da arena esportiva. Caras como Muhammad Ali, Jack Johnson, Tommie Smith, John Carlos e Kareem Abdul-Jabbar, pessoas que usaram sua plataforma e seus talentos para elevar e construir suas comunidades.

DEIXANDO A NFL

Eu joguei na NFL por cinco anos. No fim, havia chegado ao ponto de não conseguir mais justificar, além do fato de estar sendo pago, por que eu ainda estava jogando. Eu fui liberado pelo Cincinnati Bengals antes do início daquele que deveria ser meu último ano sob aquele contrato. Meu agente estava programando seis ou sete visitas diferentes em outros times. Na manhã em que eu deveria pegar o voo para ir embora, fui dominado pela emoção e não consegui entrar no avião. Eu estava pensando algo como: "Não há nada em você que queira fazer isso". As pessoas percebem quando não estamos envolvidos de coração. Eu perguntei a mim mesmo: "O que vai me trazer essa felicidade?". A resposta foi tanto minha arte quanto o trabalho que eu estava fazendo na minha comunidade.

PINTANDO E ESCREVENDO

Eu fiquei três meses sem fazer nada além de me trancar no estúdio. Eu pintei. Eu escrevi. Eu fiz fotografias. Meu livro, *Art Activism*, começou a ser montado, embora eu não soubesse o que estava escrevendo na época.

ENTRANDO NO MUNDO DA ARTE

Eu trabalhei muito e fiz tudo o que era esperado, tentando entrar no mundo da arte profissional como ex-atleta. Eu compreendia que, mesmo tendo sido um artista toda a minha vida, nada disso importaria para as pessoas que estavam me vendo pela primeira vez. Eles diriam: "Ah, é um atleta que acabou de decidir ser artista". Eu me dediquei a realmente dominar o meu ofício, encontrar minha voz e descobrir como construir minha marca até o ponto em que eu pudesse me sustentar da minha arte e de outros empreendimentos. Demorei alguns anos para encontrar esse equilíbrio. No ano passado, tudo começou a se juntar.

RETRIBUINDO DANDO AULAS

Eu dei aulas de artes e alfabetização três dias por semana durante o ano passado no sistema de ensino público. Eu dou aula a todos os alunos de uma escola de ensino fundamental de West Baltimore em um horário rotativo. Nos outros dois dias, trabalho em minha arte, viajo e faço palestras.

CRIANDO CONSCIENTIZAÇÃO

Antes de publicar um vídeo nas mídias sociais mostrando meus alunos tentando aprender em uma sala de aula sem aquecimento, eu tuitei sobre o fato de nossos alunos não terem aquecimento. Quando eu tuitava, as pessoas ficavam culpando os republicanos, os democratas, Trump, o prefeito, dizendo: "Você deveria estar bravo com esta ou aquela pessoa". Minha resposta era basicamente: "Para o inferno com isso. Eu estou furioso com todo mundo. Todas as pessoas com alguma relação com esse sistema poderiam se dar ao trabalho de dizer: O que nós podemos fazer para corrigir isso?". Eu publiquei aqueles vídeos porque eu achava que nenhum ser humano que tivesse uma alma podia ver o que meus garotos estavam enfrentando, o ambiente em que eles deveriam aprender e de alguma maneira não sentir alguma empatia ou responsabilidade de fazer alguma coisa.

REALIZANDO A MUDANÇA

Eu consegui me conectar com Samierra Jones e Valerie Arum e começar a campanha da Operation Heat. Nós arrecadamos mais de US$ 85 mil em um período de três semanas. Com esse dinheiro, conseguimos comprar aquecedores, chapéus, casacos e luvas para mais de 50 escolas na região de Baltimore. Fechamos uma parceria com a Amazon para fornecer um novo casaco a cada criança da minha escola. Duas empresas nos procuraram para doar novos sistemas de aquecimento para a minha escola. Se Deus quiser, estará tudo instalado até o final do ano letivo. Eu não vou mentir e agir como se tivéssemos resolvido o problema. As coisas estão tão ruins quanto na maioria dessas escolas, mas conseguimos colocar os recursos necessários nas mãos das crianças e dos professores. Nós conseguimos provocar um diálogo nacional.

FAZENDO O MÁXIMO DE BEM

Tudo o que eu queria fazer da minha vida eu fiz. Eu ainda tenho muitos objetivos. Estou tentando fazer o máximo de bem que posso fazer. Tenho a responsabilidade de falar sobre questões marginalizadas e esquecidas. Tenho um grupo de seguidores formado por pessoas que não se veem representadas na mídia, na cena artística ou em locais que sempre lhes foi dito que não eram para eles. Por acaso, sou alguém que é convidado para essas mesas e para estar nessas reuniões. Eu tenho a responsabilidade de usar essa plataforma para beneficiar minha comunidade. Através da minha vida, eu tento ser um exemplo de como alguém pode usar seus talentos, habilidades e qualquer plataforma que tenha para criar um mundo melhor em vez de apenas reclamar. Nós podemos criticar a cultura e a sociedade, mas também existe a responsabilidade de fazer parte da mudança.

CORRER PARA O DESASTRE

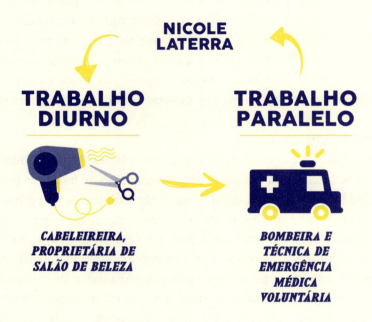

NASCIDA PARA ARRUMAR CABELOS

Como minha mãe sempre foi cabeleireira, cresci sempre em volta disso. Eu sabia que tinha um talento dado por Deus para fazer isso. Eu sabia que seria ótimo para meus filhos poder levá-los para o meu trabalho e fazer meu próprio horário. Tudo simplesmente se encaixou. Eu nunca explorei nenhuma outra opção.

ESPALHANDO LUZ

Eu adoro o que faço: deixar as pessoas felizes e bonitas e se sentindo bem consigo mesmas. Este foi o principal motivo para eu ter meu próprio salão de beleza: fazer as pessoas sorrirem.

SENTINDO NECESSIDADE DE AJUDAR

Eu estive em muitas situações em que as pessoas se feriram perto de mim, como uma emergência diabética ou alguém quebrando o braço. Enquanto outras pessoas se assustavam, ficavam apenas olhando ou fugiam, eu me via correndo para ajudar. Eu tinha essa necessidade de resolver a situação e fazer quem estava mal se sentir melhor. Eu queria ajudar, embora não soubesse como. Foi por isso que entrei na área de voluntariado para me tornar técnica de emergência médica.

VOLTANDO PARA A ESCOLA

Eu fiz um curso de oito meses para receber um certificado como técnica de emergência médica, porque achei que isso teria muito impacto na minha comunidade local. Procurei aulas que se encaixassem na minha agenda administrando meu negócio e sendo mãe.

ENTRANDO NO FOGO

Em Cromwell, Connecticut, somos um departamento combinado de combate a incêndio e atendimento a emergências médicas, o que significa que temos pessoal de carreira e pessoal voluntário trabalhando no mesmo departamento. Eu comecei como técnica em emergências médicas e trabalhei até me tornar tenente, mas queria fazer mais. Eu sabia que poderia fazer mais. Estar em um incêndio e saber que eu poderia fazer aquilo também! Eu poderia correr para um prédio em chamas e ajudar alguém e apagar o fogo, fazendo isso tão bem quanto os homens.

TREINANDO PARA SE TORNAR BOMBEIRA

Eu tenho quatro filhos. Na época em que treinei para ser bombeira, meus gêmeos tinham quatro meses de idade. Eu realmente não sei como fiz aquilo! Acho que eu sabia que era algo que eu precisava fazer. Voltei mais uma vez aos bancos escolares por seis meses, novamente durante as noites e nos fins de semana. Eu me obriguei a fazer isso. E me sinto muito satisfeita por isso.

ASSUMINDO UM TRABALHO PERIGOSO

Foi um pouco estressante e eu senti medo no começo. Mas, depois que frequentamos as aulas, sabemos como controlar e melhorar a situação. Eu fiquei sentindo que era capaz de fazer aquilo. Quanto mais treinamento eu recebia e mais perto ficava da minha família de bombeiros, mais eu me superava.

SENDO MULHER E BOMBEIRA

No meu departamento, são apenas três mulheres bombeiras em um total de cem pessoas. Acho que existem muitos estereótipos de que as mulheres não são capazes de fazer isso, mas não acontece tanto no meu departamento. Os homens da minha equipe sabem que sou capaz de fazer o trabalho e de fazê-lo corretamente. Eles podem contar comigo em qualquer situação, e eu posso contar com eles.

MANTENDO OS DOIS TRABALHOS

Se eu tivesse encontrado o combate ao fogo primeiro, talvez fizesse apenas isso, mas tenho duas carreiras boas de verdade e não quero desistir de uma, porque elas equilibram uma à outra. Como o departamento nos paga por incidente, é uma pequena renda extra, que ajuda também.

MOSTRANDO AOS FILHOS QUE ELES PODEM FAZER QUALQUER COISA

Eu adoro poder mostrar aos meus filhos que, se eles se dedicarem, podem fazer o que quiserem. Também significa muito poder fazer esse trabalho como mulher e mostrar aos meus filhos e a outras mulheres que todos são capazes disso. Poder ajudar alguém no pior dia da sua vida é o que me faz querer continuar.

COMEÇAR UMA NOVA ECONOMIA E RESTAURAR OS OCEANOS

BREN SMITH

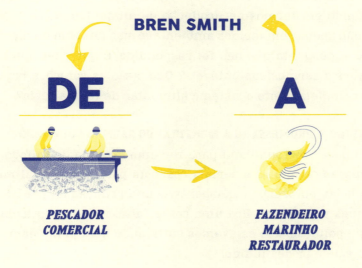

DE **PESCADOR COMERCIAL** A **FAZENDEIRO MARINHO RESTAURADOR**

CRIADO PESCANDO

Eu cresci em Newfoundland, em uma pequena vila de pescadores. O local era o que temos em mente quando pensamos no lado bom da pesca, a parte romântica da atividade, as pessoas preparando lulas na praia e pescando bacalhau em pequenas embarcações. Era tudo muito baseado na comunidade, com crianças vendendo bacalhau de porta em porta por um centavo.

SEGUINDO OS PEIXES

A gente vai atrás dos trabalhos e, para mim, eles estavam em Gloucester e Lynn, Massachusetts, com lagosta e atum. Depois, fui aonde todos os pescadores sonham ir, que é o Mar de Bering para pescar bacalhau e caranguejo. O bacalhau estava indo para o McDonald's, para o sanduíche de peixe. Foi o auge da produção industrial de alimentos e da colheita dos alimentos mais insustentáveis e insalubres do planeta.

LIDANDO COM OS OCEANOS ESGOTADOS

Em 1994, os estoques de bacalhau despencaram, e esse foi um grande sinal de alerta. A pesca hiperlocal e sustentável havia sido dizimada. Milhares de pessoas ficaram sem trabalho, fábricas de enlatados completamente vazias. Uma cultura toda foi esvaziada muito rapidamente por conta da devastação ecológica. Ficou claro que o que estamos fazendo em termos de produção de alimentos não é o caminho certo – não apenas em termos ambientais, mas também de mercado de trabalho. A pergunta que não foi respondida: O que deveríamos estar fazendo para sermos sustentáveis? Quais são as soluções para renovarmos completamente o sistema alimentar de forma séria?

DESCOBRINDO A PROMESSA (E A MENTIRA) DO SALMÃO CULTIVADO

Voltei para Newfoundland para ter uma fazenda de salmão. Recebi a informação de que essa seria a resposta para ajudar a alimentar o planeta, criar empregos e colaborar com a redução da pressão sobre os estoques pesqueiros. Era uma conta falsa. Incluía pesticidas, antibióticos e poluição. Não estávamos cultivando nem peixe nem comida. Em 1995, saí de lá, desiludido.

DESENVOLVENDO UM MODELO ALIMENTAR SUSTENTÁVEL

Li no jornal uma reportagem dizendo que, pela primeira vez em centenas de anos, New Haven estava abrindo uma área de pesca de marisco para atrair jovens pescadores como eu. Foram as ostras que efetivamente mudaram toda a minha identidade, de caçador para produtor. O que as ostras me ensinaram é que podemos ter uma economia e um sistema alimentar restauradores. Ostras, moluscos e algas marinhas não usam água doce, ração para peixes, fertilizantes ou terras enquanto restauram nosso ecossistema. Filtrando nitrogênio e carbono, construindo recifes, oferecendo proteção contra tempestades, as ostras são agentes de restauração.

ADAPTANDO-SE ÀS MUDANÇAS CLIMÁTICAS

Depois de sete anos de cultivo de ostras, fui atingido pelo furacão Irene e depois pelo furacão Sandy. Foi então que precisei pegar as lições aprendidas com as ostras e tentar aplicá-las, reimaginando as fazendas na era das mudanças climáticas. Então tirei a fazenda do fundo do mar. Agora, eu uso âncoras à prova de furacão e um sistema de andaimes de corda no oceano.

CULTIVANDO O OCEANO

Eu enrolo algas marinhas que cultivo na minha incubadora ao redor desses andaimes, e a fazenda cresce verticalmente para baixo. Em uma segunda linha horizontal abaixo, eu cultivo mariscos. Depois de colher as algas marinhas e os mariscos, eu coloco vieiras, para poder ter uma colheita rotativa. Os mexilhões, eu coloco na lama com as ostras em gaiolas no fundo do mar. Eu também cultivo uma forma de alga vermelha chamada Gracilaria, e nós colhemos sal marinho do solo. A Thimble Island Ocean Farm atrai mais de 150 espécies de vida marinha.

REDUZINDO RISCOS

O crescimento de várias espécies distribui o risco. Se uma safra falhar, eu acrescento outra. Isso cria uma fazenda com colheita o ano todo. O problema para os agricultores de terra é que a aquisição de terras exige custos de capital incríveis. Foi por isso que 91% dos agricultores dos Estados Unidos perderam dinheiro em 2012.

ARRENDANDO DIREITOS DO OCEANO

Nós arrendamos a fazenda da cidade ou do estado. O custo é de US$ 25 a US$ 50 anuais por acre. Nós não possuímos os direitos da água – o oceano é comum, e queremos que continue assim. O que possuímos é o direito de cultivar frutos do mar e algas marinhas. Nós possuímos direito de processo, mas não um direito de propriedade.

DESENVOLVENDO UM MODELO ECONÔMICO MELHOR

Existem requisitos mínimos de capital, o que permite uma replicação realmente rápida das fazendas. Na Greenwave, temos dez fazendas começando este ano. Até o ano que vem, teremos 25. A economia disso é revolucionária. Você precisa de US$ 10 mil para os custos de instalação. Depois, são de duas a três vagas de período integral, de cinco a sete vagas sazonais, e o lucro para o agricultor fica entre US$ 100 mil e US$ 150 mil.

AMOR PELAS ALGAS MARINHAS

As algas marinhas estão entre as plantas que mais crescem no planeta. Elas podem ser usadas para muitas coisas: alimentos, fertilizantes, alimentos para animais, produtos farmacêuticos, cosméticos e biocombustível. Existem mais de 250 tipos de algas. Mas não são apenas as algas. Existem 10 mil plantas comestíveis no oceano. A alga é apenas a droga de entrada para uma nova maneira de se alimentar. Todos os benefícios nutricionais de que precisamos estão disponíveis no oceano em verduras e bivalves. Estamos realmente no auge da iluminação culinária dos Estados Unidos, com todos esses chefs criativos experimentando para tornar esses alimentos deliciosos.

DESENVOLVENDO UMA NOVA FORMA DE CULTIVAR, UMA NOVA FORMA DE COMER

O empolgante é que estamos começando do zero. Esta é a nossa chance de fazer agricultura corretamente, para garantir que nossos mares não sejam privatizados, para garantir que as pessoas de baixa renda possam pagar por arrendamentos, para garantir que levantemos comunidades inteiras e criemos novas profissões. Se você quer elevar a classe média, é assim que se faz.

INOVANDO

O mundo é um lugar bastante deprimente e desanimador, por isso, eu quero fazer parte do pessoal que está apresentando soluções. O interessante sobre as mudanças climáticas é que essa realidade está forçando a inovação. Nossas costas estão contra a parede, e nós precisamos reformatar praticamente tudo o que fazemos como economia e sociedade. Isto é o que é realmente emocionante: fazer parte da economia baseada em soluções.

DEIXAR DEUS SER SEU CHEFE

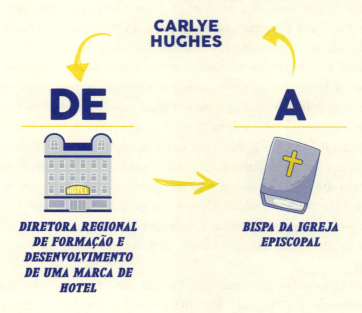

"Parte do que eu faço é ajudar as pessoas a descobrirem como Deus as está chamando."

CARLYE HUGHES NÃO ESTAVA PROCURANDO por um novo emprego. Ela tinha uma carreira de sucesso trabalhando em recursos humanos, especializada em treinamento e desenvolvimento de funcionários de hotéis, mas uma pergunta de alguém em sua igreja em Nova York mudou a trajetória da vida dela: "Você já pensou em se ordenar?". Ela não havia pensado nisso, mas alguma coisa nessa ideia a fez refletir a respeito, fazendo com que ela imaginasse uma vida completamente diferente para si mesma. "Eu só tive a sensação de que era algo em que eu precisava pensar por algum tempo", diz Carlye. "Algumas pessoas podem dizer que é o Espírito Santo. Isso apenas me tocou."

Carlye passou um ano refletindo sobre o conceito de vida no ministério antes de ir mais longe. "Eu precisei pensar um pouco, orar, ler e me acostumar com a ideia." O caminho para o ministério na Igreja

Episcopal é longo. Em média, o processo de ordenação leva quase dois anos. Há meses de discussões dentro de sua paróquia e meses no nível diocesano. "Então ficamos esperando para ouvir do bispo, que decide se sente que você tem um chamado para a ordenação", explica Carlye. Isso tudo acontece antes de três anos de seminário.

Durante o período antes de saber se havia sido escolhida, Carlye aprendeu a liberar sua preocupação. "Nós não temos absolutamente nenhum controle. É aí que aprendemos do que somos feitos. Vamos nos preocupar o tempo todo durante todo o caminho? Vamos nos sentar e dizer: Estou nisso com Deus?". Em determinado momento, ela conversou com uma amiga pastora pentecostal que tinha algumas percepções sábias. "Ela disse: Querida, eu não me preocuparia com isso. Se é algo que você deve fazer, Deus vai dirigir um grande ônibus até a sua porta e dizer: Você vai pegar o ônibus do sacerdócio?". Eu sempre tive essa imagem de que ou o ônibus do sacerdócio ia me pegar ou ia continuar andando.

Depois que Carlye foi escolhida, deixou sua vida em Nova York para ir ao seminário na Virgínia. Ela tinha ajuda financeira, e sua congregação patrocinadora fez uma coleta para reduzir o custo de sua educação. Depois do seminário, ela foi para uma paróquia em Peekskill, Nova York, por cinco anos, antes de tornar-se reitora na Trinity Episcopal Church em Fort Worth, Texas. Em maio de 2018, ela foi eleita bispa da Diocese de Newark, a primeira mulher e primeira afro-americana eleita para esse cargo.

Carlye adora o amplo alcance de seu trabalho, que vai desde a administração da igreja até o apoio aos paroquianos. "Eu gosto de ser aquela que ajuda as pessoas a descobrirem a direção na qual a igreja vai, meio que descobrindo a visão em conjunto. Eu sou bastante colaboradora. Na verdade, não estabeleço uma visão e digo às pessoas 'este é o verdadeiro norte'. Nós descobrimos juntos qual direção é o verdadeiro norte. Parte do que eu faço é ajudar as pessoas a descobrir como Deus as está chamando para ser parte dessa visão."

Eu precisei pensar um pouco, orar, ler...

CAUSAR UM IMPACTO

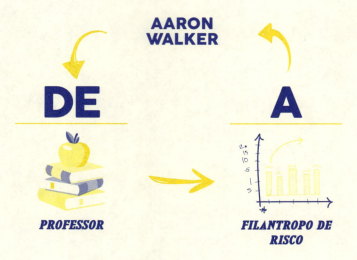

"Eu acredito que as pessoas que estão mais próximas do problema estão mais próximas da solução."

FOI A EXPERIÊNCIA de ensinar inglês no ensino médio em uma escola pública do oeste da Filadélfia que fez Aaron Walker perceber que apenas um bom ensino não era suficiente para criar uma mudança real para os alunos. A escola carecia de biblioteca e recursos básicos. A maior turma da escola era o nono ano; a menor, o terceiro ano do ensino médio. Ele via a maneira como as questões fora da escola, como pobreza, fome e violência criavam barreiras para os alunos. "Quando dei um passo para trás e vi a responsabilidade depositada nos professores para superar todos esses e outros problemas sistêmicos que acontecem em nossa sociedade, isso me pareceu insustentável. Como um professor pode chegar a um garoto quando ele não consegue pensar porque não comeu?", pergunta ele. "Isso me impulsionou a descobrir onde eu poderia fazer a maior mudança social."

Aaron se matriculou na faculdade de direito, acreditando que se tornar um advogado de direitos civis seria o caminho para criar mudanças. Mas a realidade dos empréstimos estudantis o levou a aceitar um emprego como advogado corporativo. "Na faculdade de direito, existe um caminho para se trabalhar em um escritório de advocacia. Eles facilitam tudo para os alunos, e estamos tão endividados que é preciso ter uma força emocional muito forte para dizer: Eu não vou seguir o rebanho", ele explica. A mudança para o direito corporativo foi lucrativa e, em menos de dois anos, ele pagou 90% de sua dívida. "Isso me deu a liberdade de fazer as coisas que eu queria fazer."

Aaron então redirecionou sua busca para ajudar os estudantes e conseguiu um emprego como diretor de portfólio no Fund for Public Schools, o braço de filantropia de risco do departamento de educação de Nova York durante a administração do prefeito Michael Bloomberg. Foi uma oportunidade para aprender sobre empreendedorismo, angariação de fundos e como encontrar novas formas de impactar a educação. No entanto, Aaron notou uma falha no sistema. "Eu fiquei particularmente chocado e um tanto decepcionado com o fato de muitas das novas ideias para as comunidades não brancas não serem lideradas por pessoas não brancas. Isso sugeria que as pessoas não brancas eram apenas o problema, não a solução", diz ele. "Eu acredito que as pessoas que estão mais próximas do problema estão mais próximas da solução. Nós temos um conjunto de experiências que, acredito, nos aproxima da solução desses problemas. Eu decidi que queria tentar fazer algo a respeito disso. Esse foi o impulso para criar a Camelback."

A empresa que Aaron fundou é a Camelback Ventures, um híbrido de capital de risco e o que Aaron chama de filantropia de risco, focada em ajudar os empreendedores sub-representados a lançar startups de impacto social principalmente em torno da educação. Como uma ideia de startup anterior falhou depois que Aaron passou muito tempo trabalhando em uma proposta para investidores, desta vez, ele não esperou por permissão ou financiamento, ele simplesmente começou.

Aaron se conectou com novos empreendedores que precisavam de mentores. Durante quatro meses, ele ajudou-os a transformar suas ideias em negócios reais. Ele então usou as histórias de sucesso para atrair investidores. "Eu não estava colocando um conceito no papel diante de potenciais investidores. Em vez disso, eu falava sobre o trabalho que fiz com empreendedores em nosso ano piloto. Eu podia dizer: Veja o que fizemos, veja o progresso que fizemos, imagine o progresso que poderíamos fazer com ainda mais verbas." Funcionou, e Aaron levantou mais de um milhão de dólares.

Instituições como a AT&T, a Walton Family Foundation e a Bill & Melinda Gates Foundation são investidoras da Camelback. Por sua vez, a cada ano, a Camelback investe US$ 40 mil em cada empreendimento de uma dúzia de empreendedores, oferecendo apoio com três coisas que Aaron acredita serem essenciais: coaching, capital e conexões. "A ideia é que somos um forte começo para esses empreendedores, que muitas vezes têm obstáculos adicionais por causa de raça, sexo ou origem. Nós os colocamos em um caminho para estar prontos para investimentos para a captação de recursos que acontecerá além de nós."

Até agora, a Camelback ajudou mais de 30 bolsistas a lançar suas iniciativas de educação. Dos bolsistas da Camelback, 90% são não brancos e, mais da metade, mulheres. Uma história de sucesso é a do ex-bolsista da Camelback Jonathan Johnson, que acaba de lançar a Rooted School, em Nova Orleans, para preparar formandos de ensino médio para empregos em tecnologia. "É incrível ver alunos do nono ano fazendo modelagem 3D e ganhando uma certificação que os tornaria elegíveis para trabalhos que pagam US$ 50 mil por ano", diz Aaron.

O histórico de Aaron como professor lhe dá uma visão sobre muitas das iniciativas de educação que ele apoia e também ajuda em seu papel como mentor. "No fundo, eu ainda sou professor. Eu fico mais empolgado com o sucesso dos outros, ver o que nossos colegas fizeram nos primeiros anos é empolgante", diz ele. "Esses últimos quatro anos me provaram o que eu sempre soube, que a genialidade é distribuída igualitariamente, mas o acesso, não."

"RECEBER UM DIAGNÓSTICO DE CÂNCER – E EU PASSEI POR ISSO DUAS VEZES, FAZENDO DUAS CIRURGIAS – REALMENTE MUDOU OS RISCOS QUE EU ESTAVA DISPOSTA A ASSUMIR. ISSO REALMENTE ME ACORDOU PARA QUERER AGREGAR VALOR, PARA SABER QUE O TEMPO É ESSENCIAL. E SE VOCÊ VIVESSE COMO SE ESTIVESSE MORRENDO? QUE ESCOLHAS DIFERENTES FARIA? DE QUE COISAS VOCÊ NÃO RECLAMARIA? QUE INSIGNIFICÂNCIAS VOCÊ TALVEZ DEIXASSE PARA LÁ SE REALMENTE SE LEMBRASSE DE QUE TUDO É UM PRESENTE? TODA A EXPERIÊNCIA, TODAS AS LIÇÕES, TODA ALEGRIA E TODA TRISTEZA, TUDO É UM PRESENTE."

TERRI COLE
"Escutar, curar, capacitar", página 150

5
SIGA SUA ALEGRIA

Abrir uma livraria / Reviver sua juventude / Ser pago para falar sobre esportes / Trabalhar com as mãos / Deixar seu emprego e depois voltar

COMO CONSELHO DE CARREIRA, a ideia de seguir sua paixão é um tanto equivocada. Para começar, isso implica que todos temos apenas uma coisa em que nos interessamos ou uma coisa em que somos bons. Que a profissão certa é como uma alma gêmea. Que você terá sucesso apenas quando estiver na carreira profissional que estava "destinado" a seguir.

Para a maioria das pessoas, carreiras e hobbies ou paixões não se alinham assim. O que interessa em uma década ou um ano pode mudar drasticamente no próximo. Também podemos adorar alguma coisa, mas ir atrás dela talvez não seja o melhor trabalho para nós.

A maioria das pessoas neste capítulo está fazendo o que ama, certamente, mas elas não sabiam necessariamente o que era isso desde o começo. O que se tornou a carreira delas não era necessariamente sua única paixão, apenas um aspecto de suas vidas.

Os trocadores de profissões apresentados aqui encontraram suas novas carreiras querendo ver uma ideia se tornar realidade, tentando contribuir para a comunidade ou explorando o que os animava quando eram adolescentes. A nova carreira deles pode não durar para sempre, pode não ser a única coisa que farão, mas o impulso os levou a um novo caminho empolgante.

Aonde o seu vai levar?

ABRIR UMA LIVRARIA

QUER ABRIR UMA LIVRARIA?
Veja como Noëlle Santos fez isso.

PASSO 1:
ENCONTRE UMA CAUSA PELA QUAL VALHA A PENA LUTAR

Tudo começou porque eu fiquei furiosa com o fato de haver apenas uma livraria no Bronx. Era uma Barnes & Noble localizada no nordeste do Bronx, e sequer era possível chegar lá usando transporte público. Como adoro ler, queria trazer uma segunda livraria para o bairro, algo que fosse mais acessível, que refletisse a comunidade e oferecesse oportunidades.

PASSO 2:
FAÇA UM PLANO, E DEPOIS REFAÇA

Eu tinha um bom emprego em recursos humanos e tenho um mestrado em administração/RH. Eu nunca me imaginei como livreira. Eu achava que a livraria poderia ser uma atividade paralela. Eu contrataria um gerente para a loja. Continuaria trabalhando com RH, talvez pegasse uma licença, seria uma dona ausente e contrataria alguém mais ligado a livros do que eu. Então eu cresci! Eu percebi que não é assim que essas coisas funcionam. Ficou claro que, se a livraria ia acontecer, eu precisava fazer aquilo.

PASSO 3:
FAÇA NETWORKING

Eu me inscrevi para um retiro da Paz & Associates na Flórida chamado Owning a Bookstore (ser proprietário de uma livraria). Era um curso de uma semana que ensinava o que era necessário, o que precisava ser feito e se ser proprietário de uma era algo que complementaria seu conjunto de habilidades. Lá, um colega de aula me falou sobre um concurso de planos de negócios chamado New York StartUP!

PASSO 4:
CONSIGA ALGUNS MENTORES

Eu acabei ficando em segundo lugar no concurso. Eu derrotei outras 358 inscrições de empresas de tecnologia, startups, invenções e todos os tipos de negócios. Eles me deram recursos, workshops e um consultor para me ajudar a aprender a escrever um plano de negócios. Eu tinha uma vantagem, porque, como meu diploma de bacharel é em contabilidade, eu sei tudo sobre números e orçamentos. Uma das minhas inseguranças era: eu sou ligada a livros o bastante para isso? Mas todos os livreiros que conheci me disseram que gostariam de ter o histórico de negócios em primeiro lugar e, depois, poderiam ter aprendido o resto mais tarde. Isso me deu um pouco mais de coragem.

PASSO 5:
AUMENTE SUA APOSTA

Em 2016, os donos do prédio não renovaram o contrato de aluguel da Barnes & Noble. A loja fechou, deixando o Bronx – lar de 1,5 milhão de pessoas – sem livraria. Eu sabia que precisava fazer minha livraria acontecer.

PASSO 6:
FAÇA BARULHO

Antes de pedir um dólar sequer em financiamento colaborativo, eu me dediquei a construir minha marca pessoal nas redes sociais. Eu associava meu nome a livros e começava conversas intelectuais on-line. Eu postava no blog sobre cada dificuldade e adversidade. Todo mundo estava emocionalmente envolvido com a minha jornada e o meu sonho. Você precisa contar uma história e fazer isso com bastante antecedência.

PASSO 7:
DESTACAR-SE DA MULTIDÃO

O título da minha campanha de financiamento coletivo era "Vamos trazer uma maldita livraria para o Bronx!". Eu era pouco ortodoxa em minhas mensagens. Não tendo muito tempo, agi pensando que precisava viralizar. Em vez de falar, fiz a apresentação da minha proposta em ritmo de rap. Eu quebrei todas as regras. Recebi muitos e-mails de angariadores de fundos profissionais dizendo: "Você cometeu um grande erro! Faça sua angariação de fundos em dezembro, quando as pessoas estão mais generosas". Mas eu sei que minha comunidade tem renda durante a temporada de devolução do imposto de renda. Então apostei nisso.

PASSO 8:
ARRECADE DINHEIRO

Originalmente, meu plano era arrecadar US$ 40 mil, mas um amigo disse: "Se você definir sua meta em US $ 40 mil, só vai trabalhar o equivalente a US $40 mil. Defina em US$ 100 mil, e eu sei que você vai fazer isso". Decidi pelo valor de US$ 70 mil e, alguns segundos antes de defini--lo, mudei para US$ 100 mil. Apertei em Enviar e pensei: "Ah meu Deus, o que eu acabei de fazer?". A campanha arrecadou mais de US$ 160 mil.

PASSO 9:
VISUALIZE O QUE VOCÊ QUER CRIAR

Eu reclamei a vida inteira que não há nada para fazer no Bronx. Nós levamos nossos dólares para fora. Estudamos um pouco e saímos do bairro. Eu queria construir algo ali e inspirar os outros a construir negócios nossos feitos para nós. É muito difícil dar oportunidade às pessoas locais em uma estrutura corporativa. Tem muitos níveis pelos quais passar.

PASSO 10:
ACRESCENTE UM TOQUE DIFERENTE

O Lit Bar é uma combinação de livraria e bar de vinhos, um espaço de encontro para os amantes de livros. Esse modelo híbrido está aparecendo muito mais. Os proprietários estão ficando mais experientes, e as livrarias estão ficando mais inteligentes. As livrarias independentes estão vencendo ao se tornarem espaços comunitários. Não consigo pensar em uma maneira melhor de nos relacionarmos com comunidades do que tomar uma taça de vinho e conversar sobre literatura.

PASSO 11:
ASSINE UM CONTRATO DE ARRENDAMENTO

Como meu bairro está passando por um processo de gentrificação, encontrar um espaço foi a parte mais difícil. Como o bairro foi recentemente rezoneado de uso industrial para uso misto, muitos dos lugares que encontrei precisavam de muita reforma. Com isso, os bons espaços estavam cobrando uma quantia exorbitante de dinheiro, à espera de inquilinos ricos. Antes de eu levantar o dinheiro, os donos de imóveis não queriam falar comigo. Eu sou mulher, negra, latina, do South Bronx e estou tentando abrir uma livraria em 2017 – tinha todos os estigmas contra mim. Quem falava comigo era condescendente: "Você nunca vai levantar esse dinheiro". Mas quando a campanha de financiamento coletivo estourou e apareceu na mídia, formou-se uma fila de donos de imóveis. Então eu tive algumas opções!

O primeiro corretor que procurei me ligou de volta. Ele disse: "Eu nunca me esqueci de você. Tem um prédio novo que é perfeito para você". Ele me disse que os proprietários já sabiam da minha história, queriam uma livraria e queriam que eu a montasse. Eu me encontrei com eles e fiz uma apresentação do projeto. No dia seguinte, eles me deram um esboço do contrato. Encontrar um espaço havia sido um processo muito deprimente. Demorou muito tempo. Então tudo virou. Eu consegui 150 m² com 55 m² de espaço no porão. Eu pedi demissão do meu emprego em RH. Estou dentro. Estou pronta.

COMO CHEGUEI AQUI

O caminho de Noëlle Santos até virar dona de livraria

CONSELHEIRA DE ACAMPAMENTO DE VERÃO

PROFESSORA DE DANÇA NO ENSINO FUNDAMENTAL

BILHETEIRA DE CINEMA

ARQUIVISTA DE REVENDEDORA DE VEÍCULOS

CAIXA DE BANCO

ASSISTENTE ADMINISTRATIVA

GERENTE DE ESCRITÓRIO

PROPRIETÁRIA DE SEX SHOP

ADMINISTRADORA DE FOLGA DE PAGAMENTOS DE RH

DIRETORA FISCAL

GERENTE E DIRETORA DE RH E FOLHA DE PAGAMENTO

PROPRIETÁRIA DE LIVRARIA/BAR DE VINHOS, ATIVISTA LITERÁRIA, PALESTRANTE E COLABORADORA DA *PUBLISHERS WEEKLY*

VISUALIZAR SEU FUTURO
(JUNTO COM O DE TODOS OS OUTROS)

"Ler cartas de tarô não era algo que eu sempre quis fazer. Na verdade, simplesmente aconteceu."

ANGIE BANICKI NUNCA acreditou em videntes ou cartas de tarô. Ela sequer lia seu horóscopo. Quando seu ex-chefe comentava com os colegas dela sobre sua sessão de vidência anual, ela saía para pegar um café. Ela simplesmente não estava interessada.

Angie era divulgadora de entretenimento em Hollywood, conectando celebridades com marcas e eventos. Sua vida era um ciclo infinito de ir a reuniões de marcas e conviver com estrelas, fazer festas e viajar. Depois de uma década, no entanto, ela começou a se sentir desiludida com a natureza superficial do trabalho que fazia. Chegando perto de completar 30 anos, ela decidiu desistir. "Eu costumo sempre fazer as coisas de maneira drástica. Eu precisei desligar e reiniciar", diz ela. "Muitas pessoas que trabalham com divulgação ficam amarguradas. Eu não gostava da pessoa que estava me tornando."

Angie queria algo menos exaustivo, menos superficial, mais significativo. Ela simplesmente não conseguia descobrir o que seria isso. Então, planejou uma consultoria freelance para marcas com as quais já havia trabalhado antes para ganhar algum tempo para descobrir. Esse intervalo durou pouco. "Eu acabei sugada de volta para as relações públicas", diz ela. "Acho que não estava realmente pronta para abrir mão da minha identidade. Eu apenas me convenci de que era diferente porque estava fazendo aquilo por conta própria."

Logo depois, no entanto, sua vida mudava para uma nova direção surpreendente. Tudo começou com um baralho de cartas de tarô Prada que uma amiga deu a Angie como presente de aniversário de brincadeira. Por impulso, ela levava as cartas para "ler" para os amigos em festas. Ela não esperava que nada estivesse correto. Então suas previsões começaram a se tornar realidade. "De improviso, eu dizia: Ah, você acabou de perder o emprego, mas está com duas ofertas em vista. Então a pessoa ficava chocada e dizia: Como você sabia disso? Ou então me ligavam depois e diziam: Angie, aconteceu tudo exatamente como você falou!"

Apesar da precisão, Angie atribuía os acertos à coincidência. "Eu tinha dificuldade em acreditar, porque não acreditava em cartas de tarô antes", diz ela. "Não era como se ler cartas de tarô fosse algo que eu sempre quis fazer. Na verdade, simplesmente aconteceu."

Foi como se as cartas de tarô entrassem em contato com algo cósmico. Angie começou a ter sonhos e premonições. Ela previu corretamente uma complicação com o parto de uma amiga, incluindo que o bebê ficaria bem depois de dez dias. Em outro sonho, ela viu que seu irmão sofreria dois acidentes em uma viagem à Índia.

A notícia sobre isso se espalhou, e o telefone de Angie começou a tocar. Ela fazia leituras rápidas para amigos e depois para amigos de amigos. Quando alguém sugeriu que ela cobrasse pelas leituras, ela hesitou. "Quando gostamos tanto de alguma coisa, parece estranho pedir que alguém nos pague por isso."

Angie rapidamente percebeu uma enorme disparidade entre como se sentia quando fazia seu trabalho de relações públicas e como se sentia quando lia o tarô. "Eu me sentia feliz por ter ajudado alguém a tomar uma decisão ou saber que tudo ficaria bem. Minhas intenções são sempre ajudar alguém. Isso só me fez me importar cada vez menos com o trabalho de relações públicas."

Embora a mudança parecesse ótima na teoria, quando isso ocorreu de verdade, a realidade financeira ficou problemática. Seus clientes de RP estavam lhe pagando US$ 10 mil por mês, e os clientes de tarô pagavam apenas US$ 200 por sessão. Para fazer a mudança dar certo, ela se mudou para um lugar menor, parou de comprar roupas novas e sair para comer e viveu das economias até conseguir aumentar sua renda. "O interessante é que eu não me importei em não gastar aquele dinheiro. Foi uma transição e tanto. Eu estou mais feliz agora e não preciso de todas as coisas que achava que precisava."

Apesar de sua experiência em marketing, Angie não estava confiante em anunciar ao mundo que seria uma taróloga profissional. "Sempre que começava um trabalho, eu ficava muito empolgada ao mandar um e-mail falando sobre o que eu estava fazendo, mas essa foi a primeira vez que não fiz isso. Minha experiência era em relações públicas e marketing, mas eu não consegui fazer relações públicas e marketing de mim mesma", diz ela. Angie temia que a percepção das outras pessoas sobre sua nova carreira seria, especialmente por sua antiga turma, de não conseguir entender por que ela deixaria uma carreira financeiramente lucrativa e glamorosa. "Algumas pessoas do meu passado disseram: O que foi que ela fez?"

Angie notou um sutil afastamento de amigos, convites deixando de chegar e pessoas que ela considerava próximas passando a evitá-la. "Eu percebi que tinha muitas amizades superficiais. Foi um despertar", explica ela. "Acho que isso ocorre em qualquer mudança de carreira, mas antes eu tinha um certo poder. Parecia que, depois que me afastei de tudo aquilo, pude ver o que era real. Os amigos próximos ficaram com ela, defendendo e divulgando sua nova carreira.

Acontece que Angie não precisou fazer um grande esforço de marketing para ter sucesso. Ela construiu sua marca no boca a boca e, depois de três anos, começou a receber o mesmo salário que recebia

Foi uma transição e tanto. Eu estou mais feliz agora e não preciso de todas as coisas que achava que precisava.

como relações públicas. Hoje, ela cobra US$ 400 por sessão. Ela também faz leituras no mesmo tipo de eventos de marcas que costumava produzir, contando com a revista W e a Dior como clientes. Angie gosta muito mais de ler para os convidados do que quando precisava trabalhar nessas festas como representante de relações públicas. "Eu adoro poder ajudar as pessoas. A alegria que sinto depois de passar um tempo com alguém é diferente de tudo o que eu sentia trabalhando com grandes marcas. É muito gratificante."

REVIVER SUA JUVENTUDE

MARJORIE GUBELMANN

DE — PROPRIETÁRIA DE EMPRESA DE VELAS

A — DJ

EU ESTAVA ALMOÇANDO EM UM DOMINGO no meu apartamento com um dos meus ótimos amigos, Mickey Boardman, diretor editorial da revista *Paper*. Nós estávamos falando sobre todas essas jovens DJs do mundo e a conversa foi a seguinte:

EU: Eu era DJ na faculdade nos anos 80.
MICKEY: Mentira!
EU: Era, sim! Meu nome de DJ era Mad Marj.
MICKEY: Você vai ser DJ da minha festa de aniversário.
EU: Você está brincando comigo? Eu não faço isso há 20 anos! Eu ficava em um porão falando sozinha em um microfone com discos. Não faço ideia do que estou fazendo. Foi muito tempo atrás.
MICKEY: Ninguém sabe o que está fazendo! Vou chamar um cara para ajudar você. Apenas use um belo vestido. Apenas apareça!
EU: Vou fazer isso por 15 minutos.

Eu tinha 42 anos e era uma mãe solteira dona de uma empresa de velas. Esse foi o início oficial da minha carreira como DJ.

A festa de Mickey foi em um hotel do centro da cidade com algumas centenas de pessoas. Meus 15 minutos se transformaram em três horas. Eu me diverti mais do que nunca. É muito clichê, mas foi mesmo! Foi algo do tipo *eu adoro isso!* Eu me senti como se fosse adolescente novamente. Adorei a forma como me senti fazendo aquilo. Adorei a forma como eu fazia as pessoas se sentirem tocando músicas que as faziam dançar. A gente se alimenta dessa energia.

No dia seguinte, teve gente ligando para me contratar, o que foi ótimo, porque eu estava precisando de trabalho. Eu havia passado por um divórcio não muito agradável que tinha me deixado consideravelmente mal em termos financeiros. Os trabalhos de que eu precisava vieram, mas algo na minha cabeça dizia: "Não faça isso ainda. Você precisa estudar. Você não pode ser uma fraude." Eu não queria ser aquela pessoa que não sabia o que estava fazendo. Eu nunca fui uma aluna muito proativa, sempre procurei por atalhos, nunca estava preparada, mas agora queria voltar para a escola.

Liguei para um amigo do ramo da música e disse: "Não ria e não me faça nenhuma pergunta, mas eu preciso ir para a escola de DJs". Ele me disse que havia apenas um lugar, a Scratch DJ Academy, no East Village, que tinha como um dos fundadores Jam Master Jay do Run-DMC.

Eu liguei e me matriculei. Contei apenas a um amigo. Pensei que, se não desse certo, ninguém ficaria sabendo. Achei que certamente seria uma fase. Todo mundo da minha turma tinha 19 anos. Eu podia ser mãe deles! Acho que musicalmente eles pensavam: "Ah, meu Deus, lá vai ela!". Eu tocava Madonna e eles tocavam house music. Eu sabia que não haveria ninguém que combinaria comigo na aula, mas gostava disso. No fim, estávamos todos lá para a mesma coisa.

Frequentei as aulas por uns bons seis meses. Tornar-se DJ é muito mais difícil do que parece. Mesmo seis anos depois, procuro aulas quando há novos softwares que preciso aprender. Há muitas questões técnicas envolvidas em ser DJ. Hoje, a música está em um computador, que é a nossa biblioteca. Temos dois toca-discos, mas não há música nos discos, é apenas a forma como misturamos as músicas, como começamos e encerramos uma música. Quando fiz isso nos anos 1980, havia discos de verdade com músicas nos toca-discos, então eu levei muito tempo para entender essa nova forma.

Minha carreira decolou no boca a boca com pessoas dizendo: "Você acredita que Marjorie é DJ?". Eu acho que a ideia de que eu era uma mulher da sociedade e agora estava na posição de DJ, toda essa justaposição, era algo difícil de acreditar. As pessoas ficaram sabendo da novidade e ela se espalhou. Eu tenho alguns amigos incríveis que são meus maiores promotores, o que tem sido muito útil. Eu estou em Nova York e na cena social há muito tempo, e não se pode desconsiderar que isso tenha ajudado.

Acho que, quando tinha trinta e poucos anos, eu teria ficado muito insegura, mas, aos 42, estava em uma idade em que não me importava com o que as pessoas pensavam. É preciso estar nesse ponto da vida para fazer essas grandes mudanças. E sabe de uma coisa? Todo mundo está empolgado por mim. Meu filho é o mais orgulhoso. Ele adora que eu seja DJ.

Eu trabalho para muitas empresas de moda, beleza e joias, como Dolce & Gabbana, Estée Lauder, Kiehl's e Tory Burch. Eu faço muitos eventos corporativos. Eu sou freelancer. Eu tive a sorte de que, quando trabalho uma vez com um cliente, trabalhamos juntos novamente. Eu viajei pelo mundo todo com algumas dessas marcas. Eu basicamente toco as músicas que dançamos só com a roupa de baixo quando estamos nos arrumando para sair.

Estou me divertindo muito fazendo isso. Já se passaram seis anos, e eu percebi que o que tem me deixado tão feliz é ter mexido no que fez com que eu me sentisse como uma adolescente novamente. Isso me lembra de algum discurso motivacional para o qual eu costumava revirar os olhos. Mas agora: "Essa sou eu!". Eu sou aquela pessoa de quem eu tirava sarro, e estou vivendo o melhor momento da minha vida.

SER PAGO PARA FALAR SOBRE ESPORTES

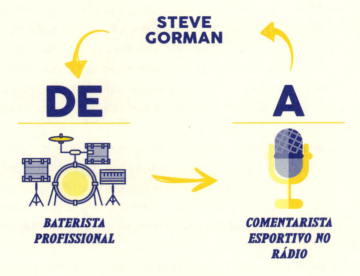

NO QUARTO ANO, eu toquei na banda da escola de Hopkinsville, Kentucky, por cerca de um mês, até que fui expulso porque me recusava a ensaiar. Eu imaginava um show com fãs ensandecidos, mas daí precisava fazer música marcial, que não era o que me interessava.

Eu cresci ouvindo discos e desejando ser baterista. Minha família nunca teve dinheiro extra para dizer: "Aqui está um kit de bateria". Eu nunca economizei dinheiro para comprar um. Para mim, pegar uma bateria e começar uma banda era apenas um sonho. Eu não via um caminho.

Música e esportes: essas eram as minhas duas preferências. Eu decidi que ia ser locutor esportivo e fui para a faculdade estudar radiodifusão. Quando estava na faculdade, conheci um garoto que tinha um kit de bateria. Foi a primeira vez que eu me sentei e toquei, e imediatamente consegui tocar. Eu não era bom, mas sabia que poderia aprender e tinha gosto por isso.

Eu meio que aprendi sozinho. Havia passado a vida vendo os bateristas tocar e, em retrospecto, vejo que fazia isso de maneira bem obsessiva. Eu tinha bastante noção do que a bateria deveria fazer em uma boa música. Eu me concentrava em como um baterista conseguia levar uma parte de uma música para outro lugar.

Meu irmão estava estudando no mesmo período que eu e, no meu primeiro ano de faculdade, eu toquei em uma festa de Ano-Novo com a banda dele. Eu era decente o bastante para fingir que tocava muito bem, e meu irmão fingia como cantor. Nós aprendemos 12 músicas e tocamos todas elas três vezes para aquela festa. Isso foi tudo o que eu toquei de bateria na faculdade.

No último ano, um amigo ligou e disse: "Ei, eu vou voltar para casa e começar uma banda. Se você ainda toca bateria, por que não se muda para Atlanta e faz isso comigo?". Eu aceitei. Foi simples assim.

Eu disse ao meu amigo que eu estava tocando muito mais do que realmente tocava, então ele simplesmente supôs que eu sabia o que estava fazendo. Quando cheguei em Atlanta, entrei em uma loja de equipamentos musicais e disse: "Eu nem sei do que preciso. Eu já estou em uma banda e nunca tive uma bateria". Eu poderia muito bem ter escrito a palavra "otário" na minha testa. Ele perguntou: "Qual é o seu orçamento?". E eu respondi: "Setecentos dólares". Eu gastei US$ 699,99 naquele dia.

Especialmente naquele nível, em uma cena musical local, quando se está tentando escrever músicas originais e ser uma nova banda, tudo é controle de danos. Ninguém é bom no começo. A questão é quem é menos ruim. Meu ponto forte: eu era simplesmente o menos ruim. Como eu não havia passado anos no porão praticando solos de bateria, eu não estava tentando ser a estrela, eu não queria chamar a atenção. Eu estava literalmente apenas tentando chegar ao fim da música. Na minha cabeça, eu pensava: "Assim que perceberem que eu não sei o que estou fazendo, eles provavelmente vão me substituir, então, não vou estragar tudo pelo tempo que puder."

Meu colega de quarto em Atlanta era Chris Robinson, que tinha uma banda chamada Mr. Crowe's Garden. Uma gravadora gostou de uma das demos da banda, mas o baterista desistiu, então Chris me pediu para ajudar. Eu disse: "Eu não posso tocar em uma sessão na A&M Records. Eu nunca estive em um estúdio antes". Chris disse: "Tudo bem. É uma música bem direta. Você vai acabar chegando lá".

Essa é uma daquelas coisas que eu ainda olho para trás e acho que foi a coisa mais louca de todas, porque eu conheço músicos que passaram 12 anos esperando que uma gravadora desse a eles US$ 5 mil por uma demo. Eu entrei naquela história às cegas, mas o tipo de música que eles estavam fazendo combinava com o meu jeito de tocar mais do que a banda em que eu havia começado. Enquanto estávamos lá, Chris disse: "Por que você não toca um pouco com a gente?". E eu disse: "É, isso provavelmente faz sentido. Deixa eu pensar um pouco". Eu fiquei dividido, porque havia me mudado para Atlanta para estar na outra banda.

Nós começamos a tocar no verão de 1987 e mudamos nosso nome para Black Crowes no verão de 1989. Nosso primeiro álbum saiu em fevereiro de 1990. Nós continuamos entre idas e vindas por quase 25 anos. Em 2001, rompemos pela primeira vez, e minha mulher e eu decidimos nos mudar para Los Angeles. Eu trabalhei no desenvolvimento de um programa de TV baseado na indústria da música. Acabei conseguindo um contrato de produção com o FX, então o FX acabou e demitiu todo mundo, e nós voltamos à estaca zero. Eu fiquei impressionado com a lentidão das coisas na TV. As pessoas diziam: "Pois é, às vezes leva dez anos para colocar alguma coisa no ar".

Nós nos mudamos para Nashville três anos depois. Queríamos estar perto dos amigos e da família para criar nossos filhos. Surpreendentemente, os Black Crowes voltaram em 2005, e então eu voltei a estar em turnê com uma banda em tempo integral. Quando voltei para casa em 2007, minha filha estava na pré-escola, e um dos pais, Willy Daunic, trabalhava em uma estação de esportes local. Todos os dias, na fila para pegar as crianças, nós ficávamos conversando coisas do tipo: "Ei, você viu o jogo ontem à noite? O que achou?".

Um dia, Willy me convidou para participar do programa dele. Então eu sentei com ele por uma hora e nós conversamos sobre futebol e os Black Crowes. O diretor do programa me disse que eu me saí muito bem. Ele perguntou se eu poderia ser um convidado semanal. Eu disse a ele que queria meu próprio programa e que, se pudesse fazer alguma coisa, faria um programa com músicos conversando sobre esportes. Era uma ideia que eu tinha guardada na cabeça fazia muito tempo. Como estávamos em Nashville, ele gostou.

Na época, lembro-me de pensar: "Seria ótimo se isso se tornasse algo, porque vou precisar de um emprego novamente um dia". O Black Crowes era um grupo realmente volátil. Quando se começa uma banda com dois irmãos, você está pedindo muitas dores de cabeça, e eles brigaram todos os dias desde que eu os conheci. A banda estava sempre à beira de se separar.

Duas semanas depois, a estação de rádio me deu uma chance. No instante em que meu produtor apontou para mim e disse "vai", eu apenas pensei: "No que foi que eu me meti?". A diferença entre participar do programa de alguém e ter o próprio programa é imensa. Eu não fazia ideia do que estava fazendo. De alguma forma, eu consegui fazer aquilo e continuei. Convidei amigos para apresentarem o programa comigo e entramos no ar. Eu fiz noites de domingo alternadas durante quatro anos, conforme minha agenda de turnê.

Em 2011, entrei para uma nova estação de rádio esportiva na cidade, a 102,5 The Game. Eu fazia o horário das 22h à 0h, depois que meus filhos estavam na cama. A emissora não tinha um grande sinal, mas as pessoas que encontravam o programa gostavam muito dele. Em 2013, eu saí em turnê e fiz o programa de rádio remotamente de qualquer cidade em que estivesse. A NBC fez uma reportagem a meu respeito. A Clear Channel viu e entrou em contato com a Fox Sports Radio. Eles gostaram do meu programa porque é muito diferente. Alguns meses depois, em janeiro de 2014, eles me colocaram nos finais de semana para 230 estações de rádio. Foi quando pensei: acho que é isso que eu faço agora. Hoje, estou no rádio cinco noites por semana.

Quando estava na faculdade, li uma citação que dizia: "A vida recompensa a ação". Eu pensei em fazer uma tatuagem com ela, mas, na verdade, não preciso disso. Eu meio que vivi de acordo com ela. Eu estava pensando e planejando muito as duas carreiras antes de me dar conta disso. Então, quando elas apareceram, eu estava pronto. Às vezes, a gente precisa se jogar e ver o que acontece. Tem dado certo até agora.

VENÇA A SÍNDROME DO IMPOSTOR

Uma das coisas mais surpreendentes na escrita deste livro foi ver quantas pessoas experimentaram a síndrome do impostor – a sensação de que não se está à altura da tarefa. Libby Nelson, fundadora e diretora da Libby Nelson Coaching, compartilha suas ideias sobre por que isso acontece e cinco maneiras pelas quais você pode seguir em frente.

LEMBRE-SE DE QUE VOCÊ NÃO É O ÚNICO

A síndrome do impostor é um sentimento realmente universal. Eu conversei com pessoas nos mais altos níveis de gestão, e isso é algo que afeta a todos. Quase todo mundo que teve um emprego sentiu de alguma forma que não estava qualificado para estar onde estava. Saber que a síndrome do impostor não é exclusividade sua ajuda a seguir em frente.

CULPE A SUA APRESENTAÇÃO

Em entrevistas ou apresentações de propostas, você naturalmente exibe apenas a melhor parte de si. Depois que consegue o trabalho, é normal pensar: "Nossa, eu meio que enganei eles". Isso leva ao estresse de que "agora eu preciso corresponder ao hype".

ABANDONE A PERFEIÇÃO

Em nossa cultura, existe muito valor em ser um especialista. No entanto, a criatividade e a inovação vêm do fato de não se saber como algo vai desempenhar – exigindo que façamos perguntas, sejamos vulneráveis, tentemos algo novo. Quando percebemos que o verdadeiro sucesso pode vir daquele lugar de vulnerabilidade, colocamos menos pressão em nós mesmos para desempenhar esse papel.

CONTINUE APRENDENDO

Eu tinha uma cliente que ficava muito desconfortável ao fazer perguntas. Ela tinha medo de parecer que não era uma especialista e assim perdia informações de aprendizado cruciais para a carreira. Ao parar de fingir que tem todas as respostas, você expande seu aprendizado e suas possibilidades de crescimento profissional. As empresas mais progressistas e inteligentes valorizam (e esperam) a curiosidade!

OBTENHA SUPORTE

É muito importante ter um pequeno círculo de amigos profissionais para refletir e conversar honestamente sobre os problemas de carreira que você está enfrentando. Compartilhar essas coisas com outras pessoas que possam estar passando ou já passaram por problemas semelhantes é incrivelmente útil para se sentir mais confiante e banir a síndrome do impostor.

ERRAR, FICAR MAIS ESPERTO, AVANÇAR NA CARREIRA

MEUS PAIS NÃO QUERIAM que eu fosse avesso a riscos, então diziam: "Se você cometer um erro, não vai ficar em apuros. Você vai ficar em apuros se cometer o mesmo erro duas vezes". Olhando em retrospecto, percebo que essa filosofia me ajudou a percorrer toda a minha carreira.

Eu era aluno de artes cênicas e me mudei para Los Angeles logo depois da faculdade, pronto para atuar. Eu sou de uma pequena cidade na Virgínia e não conhecia ninguém em Hollywood. Dormi no meu carro por alguns dias, depois me mudei para o sofá do amigo de um amigo. Para pagar as contas enquanto fazia testes, consegui um emprego como agente da recepção no Beverly Hills Plaza Hotel. Era para ser um trabalho temporário, até eu me tornar ator profissional.

Acabou que a coisa do hotel combinava comigo. Como no atendimento ao cliente as coisas dão errado todos os dias, apagar incêndios é todo o trabalho. Quando lidava com um problema, eu não tentava encobri-lo ou inventar uma desculpa. Minha abordagem era sempre dizer: "Entendo o que você quer dizer. Isto é ruim!". Então, eu tentava ser criativo sobre como consertar a situação. O que eu notei é que, se algo dava errado e eu resolvia um problema, as pessoas se lembravam e muitas vezes marcavam outra viagem porque se sentiam bem-cuidadas. Se tudo está indo bem, ninguém presta atenção, mas se algo falha e é corrigido, bem, agora você fez algo ótimo. Eu comecei a adotar essa filosofia de que na verdade é bom quando as coisas dão errado, porque então temos a oportunidade de ser um recurso para os outros e, com sorte, fazer algum bem.

Continuei crescendo e sendo transferido entre diferentes hotéis como mensageiro, *concierge* e, finalmente, gerente de recepção no Shutters on the Beach, em Santa Monica. Isso de trabalhar em hotéis cresceu porque eu estava ganhando dinheiro, e era algo em que eu me destacava em certa medida. Cinco anos depois, eu ainda queria uma saída criativa e estava meio que me cobrando por não estar fazendo o que havia me determinado a fazer. Foi uma daquelas coisas do tipo: "O que é mais importante? É mais importante ganhar dinheiro, ou é mais importante sentir que estou fazendo algo que deveria estar fazendo todos os dias e atuar?"

Eu tinha um pouco de dinheiro guardado e desisti da ideia de levar a sério a carreira de ator e descobrir como fazer isso de verdade. Alguns dias depois, recebi uma ligação de um amigo que estava escrevendo uma peça baseada em uma conversa que havíamos tido, e ele queria que eu atuasse nela. Fui para São Francisco para isso. Na peça, conheci minha mulher, D'Arcy Carden. Então, esse movimento também foi uma boa para a minha vida pessoal. Não demorou muito para que eu percebesse que precisava de um emprego. A peça foi ótima, mas não era uma maneira de sobreviver. Eu queria algo que me desse dinheiro, mas que combinasse com o trabalho como ator, então pensei em produzir. Pensei que poderia criar projetos para mim ou para os amigos, ser pago por isso e me dividir entre as duas coisas. À medida que fui avançando, percebi que havia atores melhores do que eu para determinados papéis. Assim, a história de ser ator foi desaparecendo lentamente.

Comecei arranjando qualquer emprego em uma produtora: recepcionista ou assistente de produção. Eu servia café, organizava agendas, atendia telefones. Aceitei todos os trabalhos que me ofereceram apenas para obter experiência e conhecer mais gente. Fazia perguntas a qualquer pessoa que falasse comigo e aprendi com isso. Eu percebi que produzir satisfaz o lado criativo e o outro conjunto de habilidades que eu havia aperfeiçoado nos hotéis como gerente.

Acabei seguindo na direção da comédia e trabalhei como coordenador freelancer do *Saturday Night Live* e como produtor e produtor executivo do *Funny or Die*. Em ambos os lugares, estávamos criando um monte de conteúdo. Em *Funny or Die*, fazíamos de 20 a 25 esquetes por mês. O bom desse volume é que não ficamos preciosistas em relação às coisas. Acabamos afiando o instinto para o que funciona porque erramos um monte.

Neste momento, sou vice-presidente de desenvolvimento da Sethmaker Shoemeyers Productions, desenvolvendo programas de televisão para plataformas de rede, cabo e *streaming*. Ser um bom produtor significa, efetivamente, lidar com todo tipo de problema que se possa imaginar e com prazos impossíveis, ao mesmo tempo em que orientamos os criativos e tentamos fazer com que personalidades fortes trabalhem de maneira colaborativa. Toda essa filosofia que eu tinha de que não há problema no erro porque com isso descobrimos como fazer o que vem depois me ajudou a seguir em frente na minha carreira. A mentalidade toda é que não é um problema ficar desconfortável, não é um problema ter um pouco de medo, esse é um bom lugar para se estar. Só é preciso tentar não cometer o mesmo erro duas vezes.

DIZER ADEUS À VIDA CORPORATIVA

CAROLYN WATERS

DE: DIRETORA DE GESTÃO DE CLIENTES EM UMA EMPRESA DE SERVIÇOS FINANCEIROS

A: BIBLIOTECÁRIA

"Enquanto trabalhava como voluntária, percebi do que estava sentindo falta no meu antigo emprego: de pessoas apoiando umas às outras e trabalhando em equipe."

MUITA GENTE QUER mudar de carreira, mas não consegue descobrir o que mais poderia fazer. Essas pessoas se preocupam em sofrer um impacto financeiro, começando do zero, ou fazer uma mudança e acabar em uma situação pior do que a atual. Assim, essas pessoas continuam paradas durante muitos anos, na esperança de que um plano viável de fuga, uma ideia genial de negócios ou um talento ou paixão recém-descobertos venha até eles inesperadamente. Elas estão esperando pelo momento "Isso é o que eu deveria estar fazendo." Embora o sinal claro do universo chegue para alguns, para muita gente isso não acontece. Então, eles apenas seguem em frente e tentam ignorar esses pensamentos incômodos que lhes dizem que existe algo muito melhor lá fora.

Pense em Carolyn Waters. Ela trabalhou em serviços financeiros durante 20 anos, começando em consultoria de gestão e, em seguida, tornando-se diretora de gestão de clientes da Mellon Investor Services. Durante anos, ela pensou em fazer outra coisa, mas era mais fácil subir na hierarquia do que descobrir outra carreira. "Quando somos bons no trabalho e as pessoas reconhecem isso e continuam oferecendo promoções e mais dinheiro, fica cada vez mais difícil se desligar", diz ela. "Ficamos tão envolvidos quando construímos nossa carreira por 20 anos que parece muito arriscado deixar tudo para trás."

Como consultora, Carolyn era designada para o exterior por cinco semanas de cada vez, retornando por três dias, depois voltando para um avião. Havia pouco tempo para passar com o marido, muito menos com os amigos. Ávida amante de livros, ela também nunca tinha tempo de ler nada além de itens relacionados ao trabalho. "Não é saudável quando o trabalho se torna 100% da nossa vida e temos muito pouco tempo para fazer qualquer outra coisa", diz ela.

O conselho clichê de carreira é "Faça o que você ama", mas Carolyn não tinha certeza do que isso significava, e seus dias de trabalho de 12 a 14 horas não a deixaram com energia mental para tentar descobrir. Ela decidiu tratar o problema como se estivesse resolvendo uma questão para um cliente. Ela elaborou um plano para deixar o emprego, esperando que o tempo longe dos prazos e compromissos a levasse em uma direção diferente. "Foi a única coisa em que consegui pensar", diz ela. "Caso contrário, eu sabia que continuaria lá pelos próximos 20 anos."

Entender sua situação financeira era uma consideração importante. Ela avaliou o quanto de suas economias ela poderia usar e quanto tempo ela e seu marido poderiam seguir de maneira realista sem seu salário. Ela sabia que seriam necessários alguns sacrifícios e fazer com que o marido concordasse, já que o aperto do cinto o envolveria também. Ela definiu um período sabático de seis meses porque esse período também lhe dava a oportunidade de voltar à antiga vida se o rompimento se tornasse infrutífero. "Eu não queria me afastar por tanto tempo que meus contatos profissionais não me aceitassem de volta nem me dessem outra chance."

Para se certificar de que a reputação de seu trabalho não fosse atingida, Carolyn não deu um motivo para o pedido de demissão. Quando surgiram boatos, ela precisou confirmar que não estava doente e que não estava aceitando a oferta do antigo chefe para se tornar Diretora de Operações de sua nova startup. No entanto, ela ainda não havia divulgado o que iria fazer.

Durante o período de folga, Carolyn se dedicou bastante a fazer todas as coisas que nunca teve tempo: visitar museus, passar tempo com amigos, ler, fazer longas caminhadas e trabalhar como voluntária. "Comecei a frequentar a filial de Mid Manhattan da Biblioteca Pública de Nova York para pegar livros para ler e usá-la como lugar para trabalhar e pensar em como seria minha vida futura", diz ela. "Pensei que trabalhar como voluntária parecia um bom uso do meu novo tempo livre. Eu poderia passar mais tempo em um lugar que eu adorava, ajudar uma grande organização e observar um novo tipo de ambiente de trabalho."

Como voluntária, Carolyn trabalhava um ou dois dias por semana. Não demorou muito para ela querer se envolver muito mais. "Como ex consultora administrativa, eu tinha muitas ideias sobre como consertar as coisas que via que não estavam funcionando. Os bibliotecários me incentivaram a discutir o que eu pensava com o chefe da filial, e ele inclusive implementou algumas das minhas recomendações", diz ela. "Foi quando eu soube que a biblioteconomia era para mim. Essa cultura de apoio e de estar aberto a novas ideias foi muito revigorante. Percebi do que estava sentindo falta no meu antigo emprego: de pessoas apoiando umas às outras e trabalhando em equipe. Além disso, todos compartilhavam meu amor pelos livros."

Com o incentivo dos bibliotecários com quem trabalhava, Carolyn se inscreveu para um mestrado em biblioteconomia na Pratt Institute School of Information. Quis o destino que o dia em que ela recebeu a confirmação de que havia sido aceita para o programa foi exatamente seis meses depois que ela tirou o período sabático para começar sua jornada de seis meses.

Uma década depois, Carolyn é a bibliotecária-chefe da biblioteca da New York Society. Ela consideraria mudar novamente? Cercada de livros, leitores apaixonados e colegas que oferecem apoio uns aos outros, Carolyn é enfática ao dizer que está no lugar certo. "Eu nunca vou sair daqui."

CRIE UMA REDE DE SEGURANÇA FINANCEIRA

Abandonar seu trabalho monótono em favor de algo que pareça mais recompensador parece incrível na teoria, mas você precisa se preparar para a realidade financeira de uma mudança de emprego. De que pé-de-meia você precisará se quiser abrir seu próprio negócio ou assumir um emprego onde ganhará menos do que está acostumado? Dois consultores financeiros, Debra Schatzki, fundadora da BPP Wealth Solutions, e Mark J. McCooey, consultor financeiro do Morgan Stanley, aconselharam dezenas de clientes sobre como mudar de carreira. Aqui estão as suas três principais sugestões para quem estiver pronto para fazer uma mudança.

CONSELHOS DE MARK

PLANEJE COM ANTECEDÊNCIA

Tome a decisão de tentar algo novo quando quiser. Não deixe uma empresa, um emprego ou uma indústria morrer ao seu redor e ditar quando for necessário fazer uma mudança. Se você quer fazer um movimento, comece a planejar agora.

TENHA UMA QUANTIA REALISTA DE DINHEIRO À MÃO

Pense realmente no que você quer fazer e de quanto dinheiro você precisará no banco para sobreviver durante vários anos, não apenas um. Não importa se você vai tentar ser consultor financeiro, corretor imobiliário, consultor ou pintor, pode levar de dois a cinco anos para realmente construir o seu negócio e conter o fluxo de saques, de modo que esta é a quantia que você precisa ter no banco.

NÃO DESPERDICE DINHEIRO

Quando você estiver pensando em reduzir as despesas, concentre-se nas pequenas coisas, porque elas realmente fazem diferença. Evite o Starbucks (faça seu próprio café), corte os almoços casuais mais rápidos (prepare a sua comida) e livre-se da mensalidade da academia (corra ao ar livre de graça). Cancele as assinaturas que você não usa e deixe todo o dinheiro sobrando na sua conta bancária.

CONSELHOS DE DEBRA

ESTEJA DISPOSTO A MUDAR SEU ESTILO DE VIDA

Talvez você não consiga ter o mesmo estilo de vida de antes, portanto, você deve ver quais alterações resultarão em menos sobrecarga. Mudar-se para um lugar menor ou até mesmo para uma parte diferente do país, da cidade ou do bairro podem reduzir drasticamente seu custo de vida. Tudo se resume a saber o que é importante para você. Se perseguir sua paixão é o objetivo, você terá de ajustar tudo para tornar isso realidade.

FALE COM UM CONSULTOR FINANCEIRO

Suas decisões financeiras devem ser todas personalizadas para seus objetivos, suas despesas e sua renda. Um consultor financeiro ajudará a elaborar e preparar um plano financeiro forte.

SAIBA QUE TER UM OBJETIVO AJUDARÁ VOCÊ A REINICIAR

Quando as pessoas estão empolgadas para atingir um determinado objetivo, seja se aposentar, voltar a estudar ou mudar de carreira, elas imediatamente começam a tratar os gastos de maneira diferente. É uma excelente motivação quando percebemos que a vida de nossos sonhos é atingível se fizermos mudanças.

TRABALHAR COM AS MÃOS

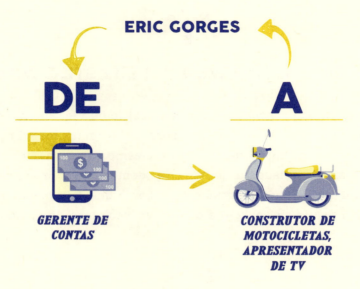

ERIC GORGES

DE → A

GERENTE DE CONTAS

CONSTRUTOR DE MOTOCICLETAS, APRESENTADOR DE TV

QUANDO EU TINHA 26 ANOS, tive meu primeiro ataque de pânico. Eu estava praticando mergulho durante as férias, cerca de 20 metros abaixo d'água, quando comecei a respirar rápido e superficialmente. Meu corpo foi tomado por uma onda de calor. Foi aterrorizante. Eu consegui agarrar uma linha presa ao barco e subi. Quando cheguei a seis metros de profundidade, consegui me acalmar o suficiente para ficar ali por alguns minutos. Quando saí, não fazia ideia do que tinha acontecido. Eu nem sabia o que era um ataque de pânico.

Quando cheguei em casa, tudo parecia ter voltado ao normal. Voltei ao meu trabalho na área de TI da Xerox, na região metropolitana de Detroit, onde eu estava desde que comecei a trabalhar, aos 16, como estoquista. Desde os oito anos, eu sempre fui um nerd de tecnologia. Então, quando a Xerox estava se transformando de empresa analógica para digital, eu era um geek de computador no lugar certo, na hora certa. Eu gostava do meu trabalho. Era desafiador. Com o passar dos anos, cresci na hierarquia e acabei me tornando gerente de contas. No tempo livre, eu andava de motocicleta e fazia trabalho mecânico em minhas próprias motos e motos de amigos.

Alguns meses depois daquele primeiro ataque de pânico, tive outro. A partir daí, os ataques começaram a acontecer com bastante regularidade. Tive um em um avião e não quis voltar a voar. Desenvolvi sintomas diferentes: dores no peito, ansiedade, nervosismo. Eu não conseguia entender o que estava acontecendo. Fiz um monte de exames. Eu literalmente pensei que estava ficando louco. Eu pensava que ia morrer de um ataque cardíaco. Eu estava tendo de seis a oito ataques de pânico por dia, todos os dias. Não foi uma época divertida na minha vida. Era um constrangimento. E continuou piorando. Depois de alguns meses, fiquei agorafóbico. Eu não conseguia sair de casa. Eu não conseguia ir para o trabalho.

Comecei a consultar um psiquiatra. Um dia, ele me perguntou: "Se dinheiro, conhecimento e treinamento não importassem, o que você gostaria de fazer?". Pensei no quanto eu era fascinado por motos desde jovem e como por acaso estava reconstruindo uma motocicleta na minha garagem na época. Eu imediatamente respondi: "Eu trabalharia com as mãos, seja com madeira, que é o que meu avô fazia, ou construindo motocicletas". Então, o conselho dele foi descobrir como fazer uma dessas coisas. Eu pensei: "Sério? Isso vai me livrar dos meus problemas?". Ele poderia ter me dito para ir a Marte, e eu teria feito isso.

Não perdi muito tempo. Procurei um serralheiro local, Ron Fournier. Eu conheci Ron em sua loja e passava lá regularmente. Ele me ofereceu uma vaga de aprendiz, e eu deixei a Xerox.

Ron me ensinou tudo sobre metalurgia e soldagem. Eu estava recebendo US$ 8 por hora. Depois de alguns meses, o trabalho para o qual eu havia sido contratado não se confirmou, e eu não pude ser mantido. Eu disse: "Eu só quero aprender, você não precisa me pagar". Eu sabia que estava sendo pago em conhecimento. Ele me disse que, em compensação, eu poderia usar seu equipamento para trabalhar nas minhas próprias coisas e vender projetos. Foi difícil financeiramente. Eu era casado na época. Ficamos vivendo da renda da minha mulher por alguns anos.

Comecei vendendo itens artesanais como paralamas, tanques e guidões. Eu ligava e passava nas lojas para avisar que eu montava e modificava motos e perguntava se eles precisavam de alguma coisa. Um cara disse que sim. Esse foi o começo. Eu fundei a Voodoo Choppers em 1999.

Não foi uma situação em que meus ataques de pânico foram embora depois da minha mudança de trabalho. Eles diminuíram com o tempo. Eu tive sorte nesse sentido. Para algumas pessoas, o mundo encolhe e continua encolhendo. Para mim, meu mundo estava encolhendo rapidamente, mas em certo momento começou a crescer novamente. Levou tempo. Mas a maior parte de eu ser como sou atribuo ao que eu faço para viver e como trabalho. Trabalhar com as mãos e ser capaz de me perder no tempo enquanto criava alguma coisa realmente me ajudou. Há uma transformação incrível que acontece quando trabalhamos com as mãos. Agora apresento um programa na PBS chamado *A Craftsman's Legacy*, com artesãos de todos os Estados Unidos.

A definição de sucesso é diferente para cada um. Para mim, sucesso significa ter um teto sobre minha cabeça, poder pagar minhas contas e, com sorte, conseguir mais negócios. Estive em um ponto em que não conseguia comprar comida e tinha sempre um credor por perto, mas a gente faz as coisas funcionarem, continua seguindo em frente. Qualquer um pode administrar um negócio. Tem a ver, na verdade, com persistência. Às vezes, não queremos seguir avançando. No fim, nos damos conta de que é a única maneira de passar por isso.

IR EM BUSCA DA INDEPENDÊNCIA FINANCEIRA

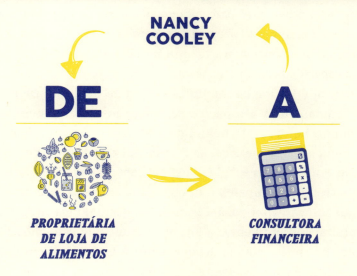

NANCY COOLEY

DE PROPRIETÁRIA DE LOJA DE ALIMENTOS

A CONSULTORA FINANCEIRA

A IDEIA DE QUE DEVEMOS saber o que queremos fazer profissionalmente quando nos formamos não é realista. Os nossos vinte e poucos anos podem ser tumultuados. Estamos nos mudando, tentando empregos diferentes, relacionamentos diferentes. No fim, depois de muitas experiências variadas, o caminho desordenado começa a tomar forma e dá origem a uma base do que vamos fazer mais tarde na vida.

Eu cresci no norte da Califórnia, uma de quatro filhos, com pais que recebiam convidados com frequência. Quando criança, eu ficava na cozinha com os fornecedores e logo desenvolvi um amor pela comida e pela comunidade que ela representava. Trabalhei na empresa de *catering* no ensino médio e na faculdade, o que levou à minha busca por um emprego no mundo da comida.

Depois da faculdade, eu me mudei para Nova York e consegui um emprego na Dean & DeLuca. Recebi a oportunidade de trabalhar no departamento de confeitaria com a promessa de ser patrocinada para estudar na escola de culinária de John Clancy. Sob o olhar atento dos donos Joel Dean e Giorgio DeLuca, eles passaram a confiar que eu entendia o que eles estavam procurando – a qualidade do produto era primordial, assim como a apresentação e, claro, o sabor. Eu me tornei a chefe de fato do departamento de confeitaria.

No verão seguinte, passei fins de semana na Ilha do Fogo. Uma loja de ferragens ficou disponível para aluguel, e alguns amigos e eu decidimos que devíamos abrir nossa própria loja de alimentos especiais. Pensamos ingenuamente que poderíamos ter um negócio de verão que nos proporcionasse a capacidade de buscar nossas paixões mais focadas durante o ano.

Meu pai foi o fiador de um empréstimo de US$ 16 mil em um banco para reformarmos o espaço e comprarmos o equipamento de que precisávamos. Nenhum de nós sabia nada sobre começar um negócio e muito menos sobre a execução de um. Foi desafiador. Embora a loja tenha sido muito bem recebida, nós percebemos rapidamente que teríamos de trabalhar durante o inverno para pagar nosso empréstimo.

No final, nunca voltei para a Dean & DeLuca e nunca fui para a escola de confeitaria. Mantivemos a loja aberta durante sete anos, incluindo dois longos invernos, quando éramos a única loja aberta em toda a ilha. Isso nos obrigou a passar da venda de comidas gourmet e sem carne para a produção de sanduíches de café da manhã com bacon, ovos e queijo, o que quer que vendesse, para que pudéssemos pagar as contas. Nosso trabalho duro valeu a pena, e a loja se tornou um negócio de sucesso.

Por fim, meus sócios e eu decidimos que queríamos ir em busca de outros interesses, por isso, não renovamos o contrato. Eu segui meu coração para Vermont, para morar com meu namorado. Aceitei o que começou como um trabalho de meio período em uma loja de roupas para me sustentar. Alguns meses depois de começar nesse novo emprego, o proprietário acabou tendo uma grave lesão nas costas e, mais uma vez, eu me vi trabalhando em algo que nunca havia feito antes: administrar uma butique de varejo, que incluía compra, venda e *merchandising*.

Vários anos depois, voltei para a Califórnia – com o coração partido. Na idade madura de 28 anos, eu decidi que minha vida não teria um homem de maneira permanente. Então, minha prioridade número um era ganhar dinheiro para ser autossuficiente e ter as coisas que eu queria: uma casa, uma família, segurança financeira. Se eu não ia ser a esposa de alguém, precisava fazer isso sozinha.

Minha PRIORIDADE NÚMERO UM era ganhar dinheiro para ser AUTOSSUFICIENTE.

Fui a uma palestra de uma autora que havia acabado de escrever um livro sobre carreiras em vendas para mulheres. Uma das oportunidades que ela discutiu foi tornar-se corretora de valores. Fiquei chocada que não era preciso ter um MBA (que eu não tinha) para ser consultor financeiro. Se você for contratado, as empresas mais bem estabelecidas oferecem um programa de treinamento forte e, se você for bem-sucedido, há um potencial ilimitado de renda. Eu pensei que, se não tivesse sucesso, pelo menos obteria uma compreensão fundamental de investimentos e finanças e desenvolveria habilidades que eu sabia que seriam significativas e importantes em minha vida.

Eu me lancei em uma campanha para aprender tudo o que pudesse sobre o setor de serviços financeiros e investimentos bancários. Em questão de semanas, eu, que não conhecia nenhum corretor, estava conhecendo algumas dezenas deles. Vários deles concordaram em me receber, o que levou a entrevistas com várias empresas. Uma dessas empresas era a Drexel Burnham Lambert. Consegui chegar à última rodada de entrevistas. Éramos eu e um jovem chamado Reid. Drexel me ligou para dizer: "Nós só queremos que você saiba que decidimos contratar Reid". Eu disse: "Você está cometendo um grande erro. Não que vocês não devam contratar Reid, vocês deveriam contratar nós dois." Ambos fomos contratados.

Embora a indústria fosse (e ainda é) dominada por homens, eu estava muito focada em meus clientes e altamente motivada para enfrentar aquele novo desafio e mostrar à minha empresa que eles não haviam cometido um erro. Com o passar do tempo, passei para uma prática consultiva oferecendo consultoria de gestão de investimentos, juntamente com uma ampla gama de soluções de gestão de patrimônio.

Eu gosto muito de trabalhar com pessoas e da diferença que faço em suas vidas. É imensamente gratificante ajudar as pessoas a alcançar seus objetivos financeiros e de vida. No final, eu também alcancei meu próprio objetivo de independência financeira e consegui ter uma família também, já que o negócio e a minha empresa me deram a flexibilidade para alcançar o equilíbrio entre vida pessoal e profissional. O céu é o limite. A carreira não deve atrapalhar a vida pessoal, e a vida pessoal não deve atrapalhar a carreira.

DEIXAR SEU EMPREGO E DEPOIS VOLTAR

ROBERT HAMMOND

DE

COFUNDADOR E DIRETOR EXECUTIVO DE UM ESPAÇO PÚBLICO NÃO LUCRATIVO EM NY

A

COFUNDADOR E DIRETOR EXECUTIVO DE UM ESPAÇO PÚBLICO NÃO LUCRATIVO EM NY

TRABALHO PARALELO

INSTRUTOR DE MEDITAÇÃO VÉDICA

"Eu sempre senti que, por felicidade, eu precisava continuar me movendo ou fazendo algo novo... Mas foi muito interessante pois, ao voltar, descobri que aqui é o melhor lugar."

LARGAR TUDO

EM 1999, ROBERT HAMMOND leu um artigo do *New York Times* discutindo a possível demolição da ferrovia elevada abandonada que passava por seu bairro no centro de Manhattan. Ele participou de uma reunião do conselho da comunidade local com a ideia de que o espaço deveria ser salvo e convertido em algo novo. Lá, ele conheceu Joshua David, e os dois criaram uma proposta para transformar a High Line em um parque.

Salvar a High Line parecia o tipo de ideia tão brilhante que você quer que aconteça, mas há tantas coisas contra ela que a tornam impossível. Graças à determinação implacável de Robert e Josh, o High Line está aberto há quase dez anos. Um lugar mágico que combina o indomável e o urbano, a comunidade e a solidão e que mudou completamente a dinâmica do West Side de Manhattan.

O sucesso do High Line transformou Robert em uma espécie de astro do rock no mundo da preservação e do planejamento urbano. No entanto, o mito de que ele havia abandonado um trabalho burocrático para salvar a High Line também o seguiu. "Existe muito romance nessa ideia de apenas deixar o emprego e fazer algo novo e grande", diz ele. "Eu converso com muitas pessoas em startups e projetos cívicos. Eles são muito arriscados e demoram muito. Eu sempre estimulo que as pessoas mantenham outro emprego também. Eu não larguei meu emprego corporativo e comecei a trabalhar em tempo integral para a High Line. Isso demorou quatro anos." Depois de fundar a Friends of the High Line, Robert cuidou do projeto de preservação enquanto trabalhava simultaneamente em uma startup de internet e administrava um negócio de catálogos a bordo de aviões.

Por mais apaixonado que fosse sobre transformar a High Line de conceito em parque próspero, Robert nunca planejou que o projeto se tornasse seu emprego em tempo integral. "Eu queria que outra pessoa assumisse, alguém que tivesse experiência, porque nós não tínhamos nenhuma experiência fazendo aquele tipo de coisa", ele admite. "Quando percebemos que ninguém mais ia fazer aquilo, simplesmente começamos."

Robert permaneceu no High Line por 14 anos, vendo-o através da abertura das seções um e dois. Em cada etapa, havia novos desafios para enfrentar, e eliminar esses obstáculos o mantinha investido em continuar. No entanto, ele sempre se perguntava sobre outros caminhos, outras estradas não percorridas e qual seria seu próximo ato, mas ele estava tão focado no dia a dia que sabia que precisava sair para descobrir o que seria. Em 2013, ele viu uma oportunidade para uma saída elegante. "Nós abrimos a segunda seção, levantamos dinheiro suficiente para a seção três e garantimos que a High Line não seria demolida. Decidi que era um bom momento para eu ir."

Depois de Robert anunciar sua partida, saiu um artigo elogioso no *New York Times*. Teve festas de despedida. Ele decidiu passar seus primeiros três meses pós-High Line na Índia, aprendendo a ensinar meditação. Ele havia descoberto a prática sete anos antes e dá a ela o crédito por sentir-se mais feliz e mais zen de modo geral. "Eu comecei a experimentar meditação quando tinha vinte e poucos anos porque tinha ansiedade e não conseguia dormir. Tentei aulas, fitas e seminários, mas não consegui continuar com nenhum deles. Mas segui tentando", lembra ele. "Quando comecei a praticar a meditação védica, simplesmente deu um clique. Eu consegui continuar fazendo aquilo. Simplesmente fez uma enorme diferença para mim. Eu senti que mudou minha vida."

Depois que aprendeu a meditar, Robert incentivou os amigos a aprender também. Ele tinha tantos amigos que se beneficiaram da meditação que ele queria ensinar. Depois que voltou da Índia, ele ensinou meditação em tempo integral enquanto fazia entrevistas para vários empregos. "Trabalhando no High Line, eu não via resultados de fato por um bom tempo. Quando ensino meditação, vejo os resultados nas pessoas depois de quatro dias. É incrível."

Então, em 2014, do nada, a High Line ligou. Eles o queriam de volta. "Eu disse não. Estava começando a trabalhar em alguns novos projetos que me interessavam. Estava gostando de dar aulas de meditação. A ideia de voltar também pareceu um pouco constrangedora. Eu saí de uma forma muito pública", explica Robert. "Parecia simplesmente voltar atrás."

Robert acabou concordando em voltar temporariamente como diretor executivo interino, com a condição de que o conselho contratasse um *headhunter* e iniciasse uma busca por outro nome. "Havia todo um novo conjunto de questões, o problema de o parque estar popular demais ou o fato de que o bairro havia se tornado tão catalisador para o desenvolvimento econômico", diz Robert. "Agora estamos nos focando em: O que vamos ser quando crescermos? Como criamos uma nova instituição cultural para o século XXI? Parece empolgante."

Dentro de alguns meses, Robert se viu novamente apaixonado pelo antigo trabalho. Ele também percebeu o desejo de ficar. "Foi uma decisão muito difícil porque não fazia muito sentido. Para mim, fazia mais sentido sair, fazer algo novo", diz ele. "Eu sempre senti que, por felicidade, eu precisava continuar me movendo ou fazendo algo novo. Parecia que ficar naquele trabalho em que eu já havia estado por 15 anos não era onde eu encontraria satisfação. Mas o interessante foi que, ao voltar, eu descobri que este é o melhor lugar. Eu estou gostando mais do meu trabalho agora do que nunca." Ele ainda dá aulas de meditação em paralelo e sente que o crescimento que vem da prática também o ajudou a ver seu papel na High Line com novos olhos. "Acho que eu precisava sair. Ir embora foi realmente fundamental para o processo."

"TODA ESSA FILOSOFIA QUE EU TINHA, DE QUE NÃO HÁ PROBLEMA NO ERRO PORQUE COM ISSO DESCOBRIMOS COMO FAZER O QUE VEM DEPOIS, ME AJUDOU A SEGUIR EM FRENTE NA MINHA CARREIRA. A MENTALIDADE TODA É QUE NÃO É UM PROBLEMA FICAR DESCONFORTÁVEL, NÃO É UM PROBLEMA TER UM POUCO DE MEDO, ESSE É UM BOM LUGAR PARA SE ESTAR. SÓ É PRECISO TENTAR NÃO COMETER O MESMO ERRO DUAS VEZES."

JASON CARDEN

"Avançar na carreira", página 196

6
TORNE-SE UM GUERREIRO DO BEM-ESTAR

Correr por uma vida melhor / Escolher duas carreiras em vez de uma / Lançar uma marca na sua cozinha / Voltar ao trabalho depois de um período cuidando dos filhos / Fazer um blog para criar um novo negócio

TUDO É TRANSFORMAÇÃO. **Quando ficamos obcecados com saúde e boa forma, é porque vemos o impacto.**

Talvez você tenha começado porque queria perder peso ou limpar a pele. Talvez precisasse encontrar uma saída para a energia que estava se manifestando de alguma forma negativa em vez de positiva. Talvez você só precisasse de algo para se sentir bem. Independentemente do que tenha feito você mudar sua percepção, agora você vê a comida como combustível e a boa forma como um caminho para a confiança, o zen e a felicidade. Agora você está fisgado.

Depois de ter visto o poder do bem-estar para reiniciar, você quer pegar o que aprendeu e seguir em frente, seja ao ensinar ou inspirar os outros ou continuando a aumentar suas metas pessoais. Existem muitos caminhos diferentes e maneiras de chegar lá. As pessoas neste capítulo usaram a saúde e a boa forma para viver suas vidas melhor como atletas, professores, desenvolvedores de aplicativos, cozinheiros, blogueiros, dançarinos e empreendedores. Eles tiveram a coragem de seguir um caminho diferente. Agora é sua vez.

CORRER POR UMA VIDA MELHOR

*"Eu me lembro do momento exato em que percebi que adorava correr... Eu estava no quilômetro 11 (de uma corrida de 16 quilômetros). As pessoas aplaudiam, eu estava ouvindo música e simplesmente pensei: **Por que eu não fiz isso desde sempre?**"*

QUANDO MAGGIE GUTERL ERA uma bartender de vinte e poucos anos na cidade de Nova York, ela normalmente chegava em casa quando o sol estava nascendo. Exercícios? Isso raramente acontecia. Dormir? Isso acontecia durante o dia. Hoje, Maggie é uma corredora competitiva que completou mais de 56 ultramaratonas e 30 maratonas. Ela agora começa o dia às 5 da manhã para treinar antes do trabalho. O intenso contraste entre a vida dela antes de correr e depois não se perde nela.

"Aquele foi um período louco na minha vida. Nunca ver a luz do dia nos afeta mentalmente", diz ela. "Agora eu anseio por isso."

Com vinte e poucos anos, Maggie se mudou para a Filadélfia, esperando deixar a vida noturna para trás. "Eu vivi uma espiral descendente e uma sucessão de acontecimentos. No fim, eu sabia que precisava fazer alguma coisa com a minha vida não tendo mais o hobby a que eu havia dedicado tanto tempo, que era beber e ir a bares", revela ela. "Eu queria uma mudança e senti que correr poderia ser essa mudança para mim."

A virada de Maggie para a boa forma começou com uma resolução de Ano-Novo de ficar saudável e completar uma corrida de 16 quilômetros. Para alguém que nunca havia levado exercícios a sério, a corrida parecia um lugar fácil para começar, e ela iniciou imediatamente. Naquele mês de maio, ela correu a corrida de 16 quilômetros da Broad Street. A experiência foi emocionante. "Eu me lembro do momento exato em que percebi que adorava correr e que havia encontrado aquilo. Eu estava no quilômetro 11 e estava virando a esquina da prefeitura. As pessoas estavam torcendo, eu estava ouvindo música e simplesmente pensei: Isso é incrível! Por que eu não fiz isso desde sempre?". Ela se viu atraída pela solidão e a calma das corridas de treinamento, pela camaradagem e pelo barato que vem da definição e da superação de metas.

Depois que as maratonas se tornaram seu padrão, Maggie experimentou as ultramaratonas, que variam em distância, mas costumam começar em 48 quilômetros. A primeira ultramaratona dela envolvia correr por 24 horas, mas foi um desafio. "Eu não sabia nada sobre nutrição. Eu ficava vomitando refrigerante em jato", lembra ela. Sua meta era correr 160 quilômetros. Ela correu impressionantes 156. No entanto, Maggie não ficou satisfeita. Então, no ano seguinte, alimentada por comida saudável, ela voltou e correu 177 quilômetros em 24 horas.

Em 2013, Maggie tinha uma meta de se classificar para a equipe nacional de 24 horas dos Estados Unidos e trabalhou com a técnica Michele Yates em condicionamento físico e nutrição. "Eu disse a ela que queria correr mais de 218 quilômetros em 24 horas e entrar para o time. Ela não duvidou de mim uma única vez." Maggie acabou correndo 228 quilômetros para se qualificar e, em 2015, foi para a Itália para o

Campeonato Mundial, onde correu 235 quilômetros e ficou em quarto lugar individualmente, e a equipe ganhou o ouro.

Maggie atualmente treina de 80 a 160 quilômetros por semana em paralelo a seu trabalho de tempo integral como coordenadora de marketing da Nathan Sports, uma empresa que fabrica equipamentos de corrida. "Muitos dos melhores atletas de elite têm outros empregos", explica ela. "Não é fácil. Eu poderia ser uma corredora muito melhor se não tivesse um emprego em tempo integral e pudesse me concentrar em treinamento e recuperação dia após dia? Provavelmente. Mas ninguém pratica este esporte pelo dinheiro. Eu poderia citar um pequeno grupo de atletas, na maioria homens, que estão sendo recompensados o suficiente para não fazer mais nada além de correr. Mesmo assim, a maioria deles faz algum tipo de acampamento ou treinamento – ou simplesmente mora em seus carros."

Apesar da agenda intensa, correr energiza Maggie ao invés de esgotá-la. "Eu me sinto supercansada e péssima quando não corro", explica ela. A única desvantagem são os custos das viagens. Para competir, viajar é fundamental, mas isso acaba se somando, e a maioria das corridas distribui troféus em vez de dinheiro como compensação.

Olhando sua vida antes de correr, Maggie está feliz por ter feito a escolha de focar. "Minha vida deu uma guinada de 180 graus", diz ela. "Parece clichê, mas meu maior obstáculo era o mental. Eu provavelmente tinha a habilidade de correr intocada dentro de mim fazia muito tempo."

TRANSFORMAR VIDAS UMA ESCALADA POR VEZ

STACY BARE

DE: CAPITÃO DO EXÉRCITO DOS EUA

A: DEFENSOR DE VETERANOS E DO PODER DE CURA DA NATUREZA

"Para algumas pessoas, pode ser pescar, fazer jardinagem, caçar, escalar ou esquiar, mas há energia ao ar livre."

NA PRIMEIRA VEZ QUE STACY BARE escalou, ele estava em um momento sombrio. O veterano do exército americano voltou do Iraque em 2007 e, três anos depois, ainda se sentia sem amarras. Ele descreve o sentimento assim: "Para onde eu vou daqui? Qual é a minha identidade agora que não estou no exército?". Ele estava lutando contra o transtorno de estresse pós-traumático (TEPT), sentindo-se culpado por não estar na batalha apoiando seus amigos e dominado pela ideia de que havia sobrevivido enquanto outros não. O trauma que havia experimentado estava surgindo de maneiras tóxicas e ele lutava contra os pensamentos de acabar com a própria vida, além de estar desenvolvendo um grave vício em álcool e drogas.

Stacy compartilhou sua dor com um amigo próximo, que o convidou para um conhecido local de escalada: Flatirons, perto de Boulder, no Colorado. "Acho que, no fundo, ele sabia que seria medicinal", diz Stacy. "Ele achou que era algo que eu precisava fazer: encontrar outra razão para viver e algo por que esperar." Durante a primeira escalada, Stacy sentiu-se estimulado por estar imerso no momento e se concentrar apenas no movimento seguinte. Quando chegou ao topo, orgulhoso de ter realizado a tarefa recebida, empolgado e exausto, ele experimentou uma espécie de liberação traumática. "Meu corpo inteiro estava tremendo", diz ele. "Todos os anos tentando conter o trauma, a raiva, o medo, tudo simplesmente saiu de dentro de mim." Depois que a tremedeira diminuiu, ele sentiu uma clareza que não tinha antes. "Eu não me sentia mais culpado por estar vivo. Não sentia mais medo do que o futuro poderia trazer."

Essa experiência impulsionou Stacy para a cura, amizades mais profundas e compreensão da poderosa ligação entre o ar livre e a saúde física e mental. Ele queria continuar a escalar, a viver e, pela primeira vez em muitos anos, sentiu otimismo e teve a visão de algo maior. "Eu pensei: Cara, precisamos fazer mais pessoas escalarem e definitivamente ter mais veteranos escalando", diz ele. "Para algumas pessoas, pode ser pescar, fazer jardinagem, caçar, escalar ou esquiar, mas há energia ao ar livre."

Junto com o colega veterano do exército Nick Watson, Stacy fundou a Veterans Expeditions, uma organização sem fins lucrativos com sede no Colorado, dedicada a levar veteranos a programas ao ar livre. "Na época, ninguém estava fazendo nada assim. Nós abrimos outro caminho e um canal para as pessoas se conectarem com o país físico ao qual serviram, encontrar o benefício do tempo ao ar livre e seguir em frente com suas vidas."

Stacy acabou se tornando diretor do Sierra Club Outdoors por sete anos. Lá, supervisionou programas para conectar 265 mil pessoas anualmente ao ar livre por meio de atividades juvenis, militares e comunitárias. Atualmente, Stacy está trabalhando em dois projetos de longo prazo para ajudar os veteranos. Ele está dando continuidade ao seu trabalho com o Great Outdoors Lab, que fundou em parceria com o Dr. Dacher Keltner no Greater Good Science Center na UC Berkeley. O objetivo é colocar dados científicos por trás da ideia da aventura ao ar livre como uma forma alternativa de cuidados de saúde que pode resultar em menor dependência de medicamentos e menores custos com cuidados de saúde. Stacy também tem retornado com outros veteranos para os lugares nos quais eles experimentaram apenas a guerra. O objetivo dele é reescrever a narrativa, formando conexões significativas com as pessoas de cada país e explorando a paisagem, por exemplo, escalando em Angola e esquiando no Iraque. Um pequeno documentário sobre *Adventure Not War* estreou no Tribeca Film Festival em 2018.

A dedicação de Stacy para ajudar outros a sair de lugares sombrios produziu consequências poderosas em sua própria vida. "Estou de volta há mais de dez anos e dediquei muito tempo e energia trabalhando para melhorar", diz ele. "Ainda tenho dificuldades, mas passo tempo ao ar livre. Eu procuro ajuda. Acho que dá para chegar a um ponto em que realmente avançamos."

Parte de seguir em frente foi criar uma família. Ele agora é casado e tem uma filha de 2 anos. "Estou encontrando muita alegria em todas essas coisas que nunca pensei que estaria fazendo. Me mudar para um subúrbio, ter o privilégio de comprar uma casa. Perceber que a vida pode ser realmente empolgante e bonita, mesmo que também possa ser realmente entediante, rotineira e desinteressante, e descobrir alegria nisso mesmo assim."

Embora a escalada tenha sido a primeira forma de encontrar consolo, Stacy é grato por ter conseguido capacitar outras pessoas em sua carreira. "Ver membros do serviço, veteranos, colegas e aqueles em recuperação tendo um tipo de experiência inspiradora parecida com a minha é realmente algo incrível", diz Stacy. "Isso só me deixa mais saudável, mais forte e mais comprometido com este trabalho e com a expansão dele."

ENTÃO VOCÊ QUER... FAZER A TRANSIÇÃO DA CARREIRA MILITAR

Judson Kauffman passou dez anos como SEAL da Marinha dos EUA, mas teve dificuldade para encontrar trabalho depois. Ele criou uma empresa de consultoria de gestão, a Exbellum, para ajudar a conectar veteranos militares a carreiras de negócios. Com o passar do tempo, sua empresa baseada em Austin, no Texas, fez a transição para coaching de liderança e consultoria para empresas. Aqui estão suas cinco principais dicas de transição.

SAIBA QUE SUA EXPERIÊNCIA MILITAR É VALIOSA

Eu tenho notado que os veteranos têm um desempenho consistente igual ou superior ao nível dos colegas civis nas empresas nas quais ingressam. Isso vai desde as pessoas que deixam uma função militar vocacional e querem entrar em um trabalho operacional até os líderes das forças armadas que pretendem entrar para o mundo corporativo.

2
ESTENDA SUA ATUAÇÃO

Você não está limitado a ficar nas áreas de segurança ou defesa. Você só precisa dar alguns passos para trás antes de começar uma nova carreira. Talvez você esteja esperando ganhar US$ 65 mil por ano ao sair do serviço militar, mas a primeira oferta de trabalho que recebe é de US$ 40 mil, trabalhando para alguém que tem menos experiência de gestão do que você. Não há problema em aceitar isso. Vai valer a pena a longo prazo.

3
INSCREVA-SE PARA VAGAS E EMPRESAS SIMPÁTICAS A VETERANOS

Empresas de funções mais operacionais, como de construção e recursos, sempre adoraram trabalhar com veteranos. Os militares gastam muito dinheiro investindo na formação de várias funções profissionais para trabalhos como soldadores e mecânicos. Muitas empresas gostam de aproveitar esse investimento. Como os militares são muito exigentes, eles são também bem preparados para uma carreira em finanças. A área de tecnologia também aprendeu a valorizar muito esses profissionais. Muitas empresas de tecnologia têm equipes fundadoras cujos membros são tecnólogos brilhantes, mas que nunca administraram uma organização. Elas precisam de alguém para manter a equipe focada, organizada e seguindo em uma direção positiva. As forças armadas são uma excelente fonte desse tipo de talento operacional e de gestão. Grandes empresas como Pinterest e Apple, além de várias startups de tecnologia, recrutaram veteranos militares para funções de chefe de equipe ou diretor de operações.

4
OBTENHA SUPORTE PARA A PROCURA DE EMPREGO

Muitas organizações oferecem suporte para veteranos em transição para fora das forças armadas. As duas de que mais gostamos são a VETTED e a BreakLine. São duas organizações sem fins lucrativos que reúnem pessoas muito talentosas. Ambas combinam educação com apoio de transição.

5
FAÇA UM CURRÍCULO VOLTADO AOS EMPREGADORES CIVIS

O melhor conselho que tenho para tornar seu currículo mais amigável para os empregos civis é mantê-lo em uma página e pedir que alguém sem experiência militar ajude você a escrevê-lo. A ferramenta de tradução de habilidades no site https://www.military.com é muito útil para descrever a experiência nas forças armadas norte-americanas em um currículo.

ESCOLHER DUAS CARREIRAS EM VEZ DE UMA

PAYAL KADAKIA

DE **COFUNDADORA E PRESIDENTE EXECUTIVA DE UM APLICATIVO DE RESERVA DE AULAS**

A **FUNDADORA E DIRETORA ARTÍSTICA DE UMA COMPANHIA DE DANÇA**

CRIANDO UMA COMPANHIA DE DANÇA

Eu me apaixonei pela dança indiana quando era jovem. Era uma maneira de me conectar com minha cultura e meus ancestrais. Especialmente por ter nascido e crescido nos Estados Unidos, era bom ter essa conexão. Eu criei um grupo de dança no MIT e, depois da formatura, percebi que não havia saída profissional como existe para o balé ou o jazz. Eu queria criar uma plataforma de conscientização da dança indiana para realmente compartilhar a cultura, a riqueza e a beleza da Índia.

ADMINISTRANDO UMA EMPRESA

Criar a Sa Dance Company me ensinou como ser empreendedora. Eu precisava coordenar horários, alugar espaços para os ensaios e trabalhar em branding e marketing. Para a nossa primeira apresentação, alugamos um pequeno estúdio e postamos no Facebook, preocupados que ninguém iria aparecer. Nunca vou me esquecer de ver 250 pessoas lá quando saí. Logo depois, alugamos o teatro principal da Alvin Ailey por um dia e meio. Precisei assinar um cheque de US$ 20 mil do meu próprio bolso. Fizemos três shows, vendemos mil ingressos e eu recuperei todo o dinheiro.

FUNDANDO UMA STARTUP

Eu fundei a Sa em 2008, aos 25 anos, como uma maneira de continuar dançando enquanto trabalhava em estratégia digital e desenvolvimento de negócios no Warner Music Group. Nessa época, visitei o WMG em São Francisco e conheci vários empreendedores incríveis. Fiquei muito inspirada para construir algo bom por conta própria. Eu dei a mim mesma duas semanas para ter uma ideia, e 36 horas depois surgiu o conceito inicial que acabou se transformando no ClassPass.

CHEGANDO À IDEIA CERTA

Quando as empresas têm sucesso, elas encontraram o produto certo para o mercado, o que significa ter um produto que os clientes realmente desejam e pelo qual estão dispostos a pagar. Nós levamos três anos para descobrir o modelo e o produto. É muito difícil conseguir que os clientes mudem seu comportamento e façam algo que não faziam antes. A ideia inicial era um mecanismo de busca chamado Classivity, e muito do aprendizado e da tecnologia dele foi usado para construir o que o ClassPass é hoje – um aplicativo fitness com acesso a mais de 8,5 mil aulas em todos os Estados Unidos.

CRIANDO UM PRODUTO QUE AS PESSOAS VÃO USAR

É intimidante entrar em uma academia. Por isso, projetamos o ClassPass de uma maneira divertida e exploradora, em que as pessoas pareciam não ter nada a perder pagando uma taxa fixa. Tirar a pressão disso foi um catalisador. Eu não fazia com que as pessoas se comprometessem com um período e um lugar. Apenas com que elas se comprometessem com o desafio de fazer exercícios, por um valor que podiam bancar.

LIDERANDO PELO EXEMPLO

Eu sempre faço com que meus investidores assistam a uma apresentação da Sa. Não acho que eles consigam me entender sem me ver dançar. Quando as pessoas assistem a uma apresentação minha ou da minha companhia de dança, elas veem nossa paixão pela dança. É a mesma paixão e expressão que queremos provocar em outras pessoas através do ClassPass. Uma coisa é dizer que queremos que as pessoas vivam melhor, outra é mostrar isso a elas.

PRECISANDO TRABALHAR NAS DUAS FRENTES

Houve momentos em que foi difícil, mas toda vez que me distanciei da dança, a missão do ClassPass não fazia sentido para mim. Eu precisava continuar dançando para manter a visão e o meu cliente em primeiro plano. Eu danço pelo menos de quatro a cinco horas por semana, de dez a 20 quando temos uma apresentação. É o intervalo perfeito para o dia. Dançar me ajuda a pensar nas questões que enfrento no ClassPass. Essa é a beleza de fazer as duas coisas e ser criativa e analítica ao mesmo tempo. Na verdade, as duas atividades ajudam uma à outra.

LANÇAR UMA MARCA NA SUA COZINHA

AGATHA ACHINDU

DE PROFISSIONAL DE INFORMÁTICA

A FUNDADORA DE EMPRESA DE ALIMENTOS SAUDÁVEIS PARA BEBÊ

"Se eu tivesse desistido, jamais teria ficado sabendo que isso seria o sucesso que é hoje."

FOI A IMPOSSIBILIDADE de se manter em um trabalho bastante exigente em TI para uma empresa da Fortune 500 ao mesmo tempo em que tentava cozinhar alimentos nutritivos para bebê a partir do zero que levou Agatha Achindu a uma carreira totalmente diferente. "Um bebê não deve só comer comida caseira quando a mãe ou o pai ficam em casa ou comer comida de bebê que ficou três anos em uma prateleira porque os pais estão trabalhando", diz Agatha, que cresceu em Camarões, onde a comida da fazenda à mesa era sua realidade cotidiana. "Minha ideia era que deveria haver uma empresa fazendo comida exatamente como os pais querem fazer em casa. Nem todo mundo tem o conhecimento ou a capacidade de fazer esse tipo de comida, mas toda criança deve ter acesso a ela."

Apesar da agenda agitada de mãe de criança pequena e que trabalha fora, Agatha tinha um sentimento tão forte de que todas as crianças se alimentassem bem que se ofereceu para ensinar culinária a novas mães. Ela divulgava panfletos em um hospital da região de Atlanta. "Eu cozinhava em casa de graça", diz Agatha, que ensinou mais de 300 mulheres a cozinhar. "Embora eu estivesse ensinando a elas como fazer a comida para seus próprios bebês, percebi que as pessoas gostavam era da conveniência de ter a comida pronta." Foi quando nasceu a ideia da Yummy Spoonfuls (em português, colheradas gostosas).

Para evitar o uso de conservantes e ter seus produtos nas prateleiras das lojas por muito tempo, Agatha criou um método inovador de congelamento, colocando os produtos nos corredores do freezer. "Nós produzimos a comida da mesma maneira que ela é feita em casa. São ingredientes reais. É uma maçã levemente cozida no vapor com nada adicionado, sem ácido cítrico, sem água, apenas liquidificada. A diferença é que usamos um sistema de congelamento instantâneo para manter os alimentos frescos e nutritivos", diz ela.

Quando Agatha decidiu lançar sua ideia, sua primeira parada foi no escritório do Small Business Administration em Atlanta, que a direcionou para um setor chamado SCORE, liderado por executivos aposentados. Ela se juntou a um mentor, que sugeriu que ela começasse escrevendo um plano de negócios. Quando ela terminou, tinha um esboço de como começar. Nos primeiros anos, ela e uma pequena equipe trabalharam em uma cozinha comercial compartilhada em Marietta.

Um movimento de negócios que Agatha lamenta foi a forma como ela financiou seu empreendimento. "O maior erro que cometi quando criei a empresa foi não procurar por investimento naquele momento. Eu usei todas as economias de nossos filhos, nossos fundos de previdência, tudo o que possuíamos eu usei. A lição que aprendi é que a gente pega dinheiro emprestado quando tem dinheiro, porque é fácil alguém nos dar dinheiro quando temos US$ 50 mil no banco, em vez de se tornar um guerreiro do bem-estar quando não se tem um centavo." O maior conselho de Agatha para outros empreendedores é entender as finanças antes do lançamento. "Muitas pequenas empresas não dão certo apenas por causa do fator surpresa do dinheiro."

Felizmente, o marido de Agatha apoiou o risco financeiro e se envolveu ativamente em fazer a empresa decolar. "Deixei um emprego bem-remunerado para criar uma startup. Durante anos, não recebi salário, porque estávamos apenas colocando dinheiro de volta no negócio", explica ela. "Meu marido estava trabalhando em dois ou três empregos, e vinha para a cozinha à noite e cozinhava de dez a 20 quilos de cenoura."

Em 2008, uma mulher que fazia parte do grupo de pais de Agatha a apresentou a um parente que trabalhava na Amazon, e as vendas da empresa dispararam. "Foi quando realmente começamos a procurar por financiamento. Nós tínhamos um total de cinco funcionários. Então era muito difícil fazer tudo do zero à mão. Havia ocasiões em que cozinhávamos por três dias seguidos, 19 horas por dia, para despachar comida", diz Agatha. "O bom era que fazíamos comida por encomenda. Eu não queria ficar sentada em capital, não queria pagar por armazenamento. Com a Amazon, sabíamos o que mais vendia e fazíamos muitos lotes desses itens." Hoje, o principal cliente de Agatha é o Walmart.

"Isso é apenas algo que comecei por querer ajudar, e hoje é uma empresa multimilionária. Não foi o caminho mais fácil. Mas eu consegui aguentar, e olhe onde estamos! Se eu tivesse desistido, jamais saberia que isso seria o sucesso que é hoje." Agatha diz que muitas vezes pensou em desistir. "A primeira vez em que estive muito perto de fazer isso, eu disse: Sabe de uma coisa, Deus? Eu sei que você tem um plano, mas é trabalho demais. Na semana seguinte, ganhamos o prêmio de melhor comida para bebês nos Estados Unidos. Toda vez que eu sinto vontade de desistir, Deus simplesmente solta algo que é o suficiente para eu saber que posso continuar, que eu dou conta." O foco de Agatha em tempos difíceis é a gratidão. "Toda vez que recebo um e-mail ou alguém escreve nas mídias sociais sobre a Yummy Spoonfuls, eu olho para cima e digo: Obrigada, Senhor, por me abençoar. Não é um trabalho. É um presente."

ENTÃO VOCÊ QUER... VOLTAR AO TRABALHO, DEPOIS DE UM PERÍODO CUIDANDO DOS FILHOS

Voltar ao trabalho depois de um período cuidando dos filhos pode ser um desafio, e quanto mais você ficou fora do mercado, mais difícil é voltar. Depois de sete anos de licença-maternidade de uma carreira em direito, Jennifer Gefsky foi uma das fundadoras da Après, um mercado de trabalho para mulheres que estão voltando à força de trabalho. Ela compartilha cinco conselhos de como lidar com o tempo livre para conseguir uma oferta de emprego.

VOCÊ PRECISA QUERER VOLTAR DE VERDADE

Todos nós gostaríamos de trabalhar meio expediente e, talvez depois de um ano, você possa perguntar sobre um cronograma mais flexível. Mas as empresas na verdade fazem isso apenas quando os funcionários já conseguiram se estabelecer. É raro ver esse tipo de emprego para novos funcionários, por isso, saiba que, se você quiser voltar ao trabalho, precisará ser de maneira integral.

TALVEZ SEJA PRECISO DAR UM PASSO PARA TRÁS

Se você era vice-presidente sênior quando saiu do trabalho, talvez não volte para a mesma posição ou o mesmo salário, especialmente se tiver uma lacuna de vários anos.

RETOME A VELOCIDADE

Você precisa se manter informada e acompanhar o que está acontecendo na indústria. Você não pode entrar em uma entrevista e dizer: "Eu fiquei sem trabalhar por cinco ou dez anos, mas aqui estou, pronta para seguir". Você precisa estabelecer o que fez para se manter no controle das suas habilidades e retomar a velocidade. "Eu fiz estágio aqui. Fiz essa aula..." Alguma coisa que estabeleça um compromisso com o que você está fazendo. Estágios de retorno ao trabalho são uma ótima maneira de demonstrar esse compromisso.

CONSIDERE UMA MUDANÇA DE CARREIRA

Um dos grandes benefícios de fazer uma pausa na carreira é permitir que as pessoas recuem e pensem no que lhes desperta paixão. Digamos que você trabalhasse com direito e detestasse, e agora quisesse fazer X. Então, quando estiver fazendo uma entrevista para esse X, pode dizer: "Eu sei que isso é o que eu quero fazer. Eu estudei, acredito nisso e estou motivada com isso!". Há muito a ser dito sobre um candidato superempolgado para trabalhar para uma empresa. As pessoas adoram isso.

5
FAÇA NETWORKING SEM PARAR

Se você está fora do mercado de trabalho, a melhor coisa é começar a fazer networking com todo mundo e com qualquer um. Entre em contato com ex-colegas e fale com amigos e familiares. Convide as pessoas para tomar um café e pedir conselhos. Seja estratégico ao fazer networking: participe de uma reunião sabendo qual será o seu "pedido", se será uma referência, uma indicação para uma área de recursos humanos ou um trabalho específico para o qual você deseja que seu nome seja levado em consideração.

FAZER UM BLOG PARA CRIAR UM NOVO NEGÓCIO

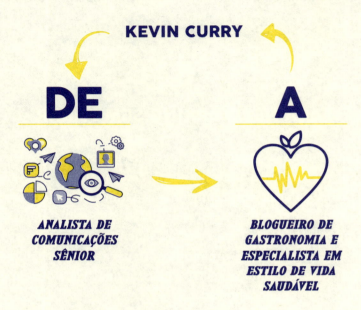

KEVIN CURRY

DE: ANALISTA DE COMUNICAÇÕES SÊNIOR

A: BLOGUEIRO DE GASTRONOMIA E ESPECIALISTA EM ESTILO DE VIDA SAUDÁVEL

TUDO COMEÇOU QUANDO vi uma foto ruim de mim mesmo no Facebook. Eu não tinha pescoço nem queixo. Eu não havia me dado conta de que tinha me largado. Então eu fiz o que todo mundo faz: tentei compensar uma dieta ruim com exercícios, correndo sem parar na esteira. Eu me exercitei três horas por dia durante cerca de um ano, e meu corpo não estava mudando. O que estava acabando comigo na verdade era a comida.

Eu tentei dietas com pratos minúsculos, com muito frango, brócolis e arroz integral. Daí eu comia comida de verdade, e o peso voltava todo. Eu simplesmente não acreditava que pudéssemos ser colocados neste planeta com essas culinárias incríveis e não sermos capazes de comê-las. Então comprei todos os livros sobre nutrição que encontrei na livraria em promoção pela metade do preço. Descobri como trocar os ingredientes para tornar pratos de que eu gostava mais saudáveis. Quando fiz isso, o peso começou a diminuir. Em cerca de um mês, minhas roupas estavam ajustadas de maneira diferente, as pessoas começaram a comentar. Isso ajudou a acelerar meu sucesso e me motivou mais.

Eu comecei um blog no Tumblr chamado Fit Men Cook para compartilhar minhas receitas, construir uma comunidade e me manter responsável e no caminho certo. Achei que as pessoas entrariam, criticariam minha dieta e me dariam conselhos, mas as pessoas começaram a me procurar para receber conselhos. Certa manhã, postei um *banana split* feito com iogurte. A foto viralizou nas mídias sociais. As pessoas começaram a compartilhar, copiar e refazer a receita. Esse foi o ponto de virada: passei de 10 mil a 100 mil seguidores em cerca de um mês.

Criei um site WordPress e pensei: "Deixe-me colocar alguns anúncios lá em cima". Então, as marcas começaram a pedir que eu experimentasse seus produtos, e eu comecei a ganhar dinheiro. No primeiro ano, ganhei cerca de US$ 25 mil. Depois de alguns meses fazendo isso, disse a mim mesmo: "Se você está dedicando 40% do seu tempo a fazer isso e ganhando muito dinheiro, quanto mais poderia ganhar se aumentasse o tempo dedicado?".

Fui falar com meu chefe na Dell, e ele me deu alguns bons conselhos que me deram confiança para realmente ir em frente. Ele disse: "Eu contrato você de volta, se você quiser voltar, e daqui a 15 ou 20 anos, você vai poder sentar seus netos no colo e não dizer 'Fiz uma coisa muito legal chamada Fit Men Cook. Aqui está como eu ferrei com tudo isso', mas dizer 'Olhe como eu fiz aquilo dar certo'."

Quando pedi demissão, eu não tinha muito dinheiro guardado. Como tinha US$ 15 mil no banco, dei a mim mesmo cerca de seis meses e me atirei. A maior parte da minha receita vem de patrocínios. Eu tento não ter muitos, mas tenho alguns grandes patrocinadores anuais, como Hilton, Chase e Kroger. Examinamos cada oportunidade. Acho que também é melhor, do ponto de vista da mensagem a ser passada, não ficar parecendo um piloto da NASCAR e a comunidade parecer um grande anúncio. Eu também ganho dinheiro com o aplicativo FitMenCook, que tem um desempenho muito bom. Ele está entre os três principais aplicativos de alimentos e bebidas desde 2015. Também vou publicar um livro de receitas.

Eu sou uma PESSOA NORMAL. Eu sou do SUL. EU AMO COMIDA. Eu não estou em uma dieta de fome. É uma MENSAGEM MUITO MAIS PRÁTICA.

Eu sou uma pessoa normal. Eu sou do sul. Eu adoro comida. Eu não estou em uma dieta de fome. É uma mensagem muito mais prática. Eu também sou um cara. Eu acho que tudo isso fez com que eu me destacasse no segmento de cozinha saudável.

Uma das coisas mais gratificantes sobre as mídias sociais é que não há melhor sensação do que postar uma receita on-line e uma ou duas horas depois ter gente enviando mensagens, mostrando a própria versão da mesma receita. A maneira como as pessoas comentam e marcam umas às outras e dizem: "Ei, aqui está a receita para nossa noite de jogo de sexta-feira". Ou então me enviam fotos e contam histórias de como perderam peso. Eu posso ver os frutos do meu trabalho, e é isso que me motiva ainda mais a permanecer neste espaço.

SUPERAR OBSTÁCULOS, TRIUNFAR EM UM NOVO DESAFIO, INSPIRAR, REPETIR

"Foi só quando aceitei a minha vida como era que as portas começaram a se abrir."

ALANA NICHOLS SEMPRE teve o desejo de vencer, definindo-se como atleta e competidora desde que estava no ensino fundamental. No último ano da escola, a atleta tinha uma porção de ofertas para uma bolsa de estudos jogando softball. Então, uma tarde de snowboard mudou tudo. Quando tentava fazer seu primeiro *backflip*, Alana caiu, aterrissando em uma pedra escondida pela neve. Com o impacto, ela ficou paralisada da cintura para baixo.

Apesar de passar quatro meses no hospital, Alana conseguiu se formar com a turma e começar o ano letivo seguinte na Universidade do Novo México. Mas a vida que ela tinha e a vida que imaginara para si não existiam mais. Ela era muito forte, mas, confinada a uma cadeira de rodas, sentia o contrário disso. "Por muito tempo, minha identidade estava relacionada a ser uma atleta", explica ela. "Minha vida era definir metas e alcançá-las. Era de onde eu tirava minha confiança. Então, quando passei a não ter mais aquelas endorfinas correndo por mim, eu me sentia deprimida e sem esperança."

Dois anos depois, Alana deparou com um jogo de basquete em cadeira de rodas na academia da universidade. Embora estivessem em cadeiras de rodas, os atletas não estavam poupando esforços. O jogo era intenso, e a competição, feroz. Alana ficou fascinada. "Logo depois da minha lesão, eu meio que lutei contra aquela experiência recente de ser uma pessoa com lesão medular, e isso é justo. Claro que não quero ficar paralisada, claro que vou lutar contra isso. Mas foi só quando aceitei a minha vida como era que as portas começaram a se abrir. Eu comecei a me abrir para o esporte novamente, e foi quando o basquete em cadeira de rodas entrou na minha vida."

Alana tentou jogar basquete novamente, e o impulso por sucesso e a diversão voltaram para ela. Às vezes, era frustrante ter de se adaptar para jogar em uma cadeira de rodas, mas o desafio a motivou. Ela se transferiu para a Universidade do Arizona para fazer parte do programa deles. Alana se classificou para a seleção nacional feminina de basquete em cadeira de rodas em 2005. Em 2008, a equipe trouxe para casa uma medalha de ouro. "Estar no pódio e pensar em onde eu estava quando quebrei as costas", lembra ela, "foi simplesmente uma sensação incrível de realização."

Alana percebeu que, se era capaz de jogar basquete, também poderia praticar outros esportes. Ela voltou sua atenção para o esqui adaptado – e os Jogos Paralímpicos de Inverno de 2010 em Vancouver, no Canadá. Com treinamento, ela conseguiu uma vaga e, nos Jogos de Inverno levou para casa duas medalhas de ouro, uma de prata e uma de bronze. Em 2011, na competição paralímpica internacional, ela ganhou o campeonato mundial de esqui alpino e foi considerada atleta paralímpica do ano. "Como sou uma caçadora de emoções, o *monoski* era perfeito para mim. Eu adorava a velocidade."

A próxima meta de Alana eram os jogos paralímpicos de 2014 em Sochi. No entanto, enquanto treinava no Oregon, Alana sofreu um grande acidente. Ela esquiou de encontro a uma pedra, quebrou os dois tornozelos e deslocou o ombro direito, que precisou ser reconstruído. "Fiquei usando tipoia por seis semanas, com apenas um membro funcionando", diz ela. Mas ela se recusou a deixar o acidente impedi-la de ir. Passou alguns meses em reabilitação e conseguiu participar dos jogos.

Em Sochi, ela começou forte. Ganhou uma medalha de prata na descida. Então, na corrida Super G, ela caiu, ficou inconsciente, deslocou o queixo e precisou de seis pontos. Mestre em superar obstáculos, ela conseguiu esquiar outra corrida poucos dias depois, chegando em quarto lugar. No entanto, a experiência de Sochi fez com que ela reavaliasse tudo. Ela precisava de uma pausa do esqui.

Alana aproveitou sua notável capacidade de mudar e encontrou outra oportunidade para dominar outro esporte. Quando passava férias com sua avó no Havaí, ela descobriu o surfe adaptado – um esporte que não sabia que existia. "O surfe me encontrou na hora certa. Entrar no mar me ajudou a me sentir forte novamente", diz ela. "Isso me deu a distância que eu precisava do esqui para me curar e ganhar alguma perspectiva." Não só isso, o novo esporte deu a ela uma chance de competir novamente. Em 2015, apenas um ano depois de Sochi, ela ficou em sétimo lugar no campeonato mundial de surfe adaptado da ISA. Ela era a única mulher na competição.

O surfe também deu a Alana a confiança para voltar a esquiar competitivamente. Ela estava inscrita para competir como esquiadora nos Jogos Paralímpicos de Inverno de 2018 em Pyeong Chang, quando sofreu uma queda durante uma corrida de qualificação. Depois de sofrer uma concussão, ela precisou optar pela saúde em vez do esporte e não chegou a viajar. Com relutância, Alana se aposentou do esqui profissional. "É uma sensação estranha", ela admite. "Estou me reinventando novamente."

Agora, Alana está focada em fazer palestras, surfar e fazer com que mais atletas com deficiência descubram a alegria de pegar ondas. Ela foi recentemente nomeada para o conselho da comissão de atletas da associação internacional de surfe. "Foi uma verdadeira honra ter sido escolhida, ter a responsabilidade de definir a direção em que seguiremos, com o objetivo final de levar o surfe adaptado para uma plataforma paralímpica. Ainda mais importante é espalhar o surfe adaptado pelo mundo para dar às pessoas a oportunidade de experimentar a mesma sensação incrível de liberdade que eu tenho na água."

Para Alana, o ano que passou foi mais um ano de desvios inesperados, e ela ainda está tentando decidir exatamente o que o futuro trará a ela como atleta. No entanto, ela reconhece que já esteve no mesmo lugar várias vezes e, toda vez, apesar dos obstáculos inacreditáveis que enfrentou, sempre acabou em um lugar de aventura, desafio e, finalmente, confiança. Ela tem fé que isso voltará a acontecer. "Eu apenas continuo lembrando a mim mesma de ficar bem no desconhecimento", diz ela. "Eu sei que meu caminho está se desenvolvendo."

ADAPTAR-SE À MUDANÇA

Depois que um acidente de snowboard a deixou paralisada, Alana Nichols pensou que seus sonhos de ser atleta profissional haviam acabado. No entanto, ela ganhou medalhas paralímpicas no basquete e no esqui, e agora está praticando surfe adaptado. Alana compartilha suas cinco principais dicas para quem está reconstruindo a vida ou mudando de curso inesperadamente.

NÃO PASSE PELA MUDANÇA SOZINHO

Encontre uma tribo de pessoas que apoiem você e entendam o que você está passando, e esteja aberto para receber a ajuda delas. Nós não fomos feitos para passar por esta vida sozinhos, menos ainda nos momentos mais difíceis. Muitas vezes nos isolamos e nos fechamos quando estamos passando por dificuldades, mas nada pode ser mais contraproducente do que isso para crescer e passar por uma mudança. É surpreendentemente terapêutico e útil simplesmente falar sobre como você se sente ao fazer a transição.

EXERCITE-SE

Você se sentirá melhor imediatamente. E funciona sempre. Trinta minutos de qualquer movimento físico ajuda a impulsionar a motivação quando estamos passando por momentos difíceis.

DESENVOLVA UM MANTRA

Tente resumir todos os seus pensamentos em um tema de incentivo. Crie algo simples, para que você possa focar facilmente. Por exemplo: "Sem voltar, apenas para frente" ou "Limpar o caminho". Respire profundamente e repita o mantra quantas vezes precisar.

SEJA GRATO

Para a minha vida, é fundamental dedicar um tempo reconhecendo aquilo por que sou grata. Até mesmo agradecer pela lição que as dificuldades estão nos ensinando pode mudar nossa perspectiva. Dizer "eu sou muita grata por esta cadeira de rodas" foi difícil. Mas, depois que fiz isso, tive uma nova compreensão em relação à sorte de ao menos ter uma cadeira de rodas.

ACEITE QUE AS COISAS SÃO COMO SÃO, MESMO QUE NÃO QUEIRA

Para mim, a parte mais importante ao lidar com dificuldades é reconhecer que a transição é tão importante para o crescimento quanto o sucesso. Simplesmente reconhecer a dificuldade já ajuda. Quanto antes você aceitar aquilo por que está passando, mais cedo perceberá que a luta não vai durar para sempre e que você pode, e vai, seguir em frente.

7
TORNE-SE UM GOURMET PROFISSIONAL

Transformar seu hobby em profissão / Abrir uma vinícola / Pular a escola de gastronomia e aprender trabalhando / Realizar seu sonho / Viver da terra

VOCÊ TEM UMA QUEDA POR SABORES INTENSOS. Você não precisa de receita, você vê a cozinha mais como uma arte, não como uma experiência de pintura com números. Você é fascinado pela ciência da culinária, pela forma como combinações diferentes de alimentos podem produzir uma variedade tão grande de sabores.

Há também o aspecto social. Onde estamos em nossos momentos mais comemorativos? Seja sentados ao redor de uma mesa ou brindando ao futuro, existe uma espécie de mágica na forma como uma ótima refeição ou uma incrível garrafa de vinho une as pessoas.

Depois de dominar a arte da comida, a questão é: você consegue dominar o lado do negócio? Você sonha em abrir seu próprio restaurante? Quer lançar sua própria linha de produtos alimentícios? Você está pronto para trocar o escritório por um vinhedo? Você quer criar galinhas ou cultivar vegetais? Você quer tentar viver da terra? As histórias deste capítulo mostram vários lados diferentes da paisagem gastronômica: enólogos, chefs, donos de restaurantes e fazendeiros. Todos eles compartilham as alegrias e os desafios de tentar vencer no mundo da comida.

Você está pronto para entrar nessa?

TRANSFORMAR SEU HOBBY EM PROFISSÃO

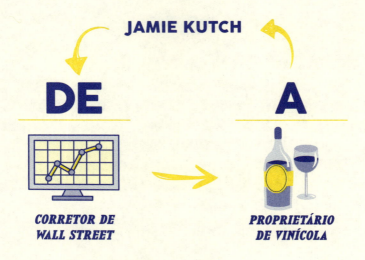

JAMIE KUTCH

DE — CORRETOR DE WALL STREET

A — PROPRIETÁRIO DE VINÍCOLA

EU SEMPRE FUI UM CARA de hobbies. Quando criança, eu praticava todos os esportes imagináveis, eu sapateava e fazia mágica. Quando morava em Manhattan e bebia muito vinho, aprendi tudo o que podia. Entrava em degustações comerciais, em busca de garrafas raras de vinho. Eu acessava fóruns de vinho on-line. Depois da faculdade, sucumbi ao desejo de ganhar dinheiro, então fui para Wall Street, mas é um mundo tão cruel que os fóruns eram minha fuga.

Eu fiz uma entrevista na Cantor Fitzgerald pouco antes do 11 de setembro, e isso me abalou o suficiente para começar a pesquisar como me afastar do mundo financeiro em Manhattan. Conversei com proprietários de lojas de vinho e aprendi sobre posições de venda de vinhos e distribuidores. Cheguei à conclusão de que a melhor carreira seria a de enólogo. Comecei a me conectar no fórum de Robert Parker, comentando sobre vinhos que achava fantásticos.

Ouvi falar de um pequeno vinho especial de Michael Browne e enviei um e-mail para ver se conseguia uma garrafa. No mesmo dia, ele respondeu dizendo que me mandaria um de seu próprio estoque, já que todos os outros estavam contabilizados. Agradeci e mencionei como invejava que ele estivesse vivendo meu sonho. Ele disse: "Meu conselho é ir em busca do seu sonho, caso contrário, você poderá se arrepender pelo resto da vida. Se você acha que esta é sua vocação, abandone o que está fazendo e sacrifique alguns anos para chegar onde quer. Foi o que eu fiz, e as coisas estão indo muito bem." No final do e-mail, Michael disse que me ajudaria a tornar o meu sonho realidade e seria meu mentor no objetivo de fazer vinho com meu próprio rótulo.

Uma vez, meu tio me disse que existem uma ou duas oportunidades na vida em que precisamos correr um grande risco e, se fizermos isso, as recompensas serão imensas. Isso nos faz pensar sobre o resultado para nós mesmos, nosso futuro, nossa felicidade, nosso relacionamento, nossas finanças. Ouvir o que Michael disse mexeu comigo. E se eu realmente fizesse isso? Conversei sobre o assunto com meus pais e a minha namorada. Todos apoiaram minha decisão. Eu ia me mudar para a Califórnia.

Eu me mudei para um apartamento minúsculo de um quarto e vivi com uma mala e um colchão de ar por seis meses. No primeiro ano, não tinha renda, mas havia economizado o suficiente para isso.

Como aprendiz de Michael, tive acesso a tudo. Comecei me preparando para a colheita, provando amostras de uvas, decidindo o que colher, classificando frutas, fermentando, colocando-as no barril. Eu sabia que precisava sair daquela experiência pronto para lançar meu próprio vinho.

Depois que o ano acabou, fiz um acordo com um produtor e escolhi algumas toneladas de frutas para começar a produzir meu próprio vinho. Comecei com 150 caixas. Eu havia aprendido o suficiente sobre o que faz um ótimo vinho para poder decidir como fazer o meu. Como sou uma personalidade compulsiva tipo A, estava motivado a fazer o melhor Pinot Noir que havia.

O fórum de vinhos foi um marketing instantâneo. Quando postei que ia me tornar um enólogo, antes mesmo de sair de Nova York, 400 pessoas disseram que queriam provar meu vinho. Então eu tinha uma base direcionada de clientes antes de começar a Kutch Wines.

Paciência é o maior desafio. É preciso esperar alguns anos antes de estar pronto para vender. O vinho é uma indústria muito paciente – quanto mais temos paciência, mais sucesso temos. É o oposto de Wall Street. Lá, aos 30 anos, a gente começa a decair em comparação com quem é jovem, mais novo, mais rápido, mais movido pela energia.

Eu estou vivendo uma vida totalmente diferente da que vivia em Nova York. Acordo às 5h ou 5h30, quando ainda está escuro. Eu dirijo duas horas em direção à costa e fico em um vinhedo absolutamente silencioso. Quando olho ao longe, vejo o Pacífico e sinto a brisa fresca. Olho para as uvas e tenho a consciência de que minhas mãos vão tirar vinho delas. Trabalhar com a mãe natureza e esperar que ela trabalhe conosco é muito gratificante.

Quando recebo uma mensagem de que alguém comemorou o aniversário ou o aniversário de casamento com meus vinhos, ou clientes se mostram muito animados com o que estou fazendo, eu penso: "Eu realmente criei algo, em vez de apenas criar riqueza para a Merrill Lynch".

Eu não faço isso para ter uma Ferrari na garagem. Se eu quisesse isso, eu teria ficado em Wall Street. Embora viva em um país que valoriza a grandeza, eu encontrei equilíbrio e felicidade ficando pequeno. Neste momento, eu tenho um funcionário. Eu precisaria de mais funcionários para fazer mais vinho. Mas não penso que mais seja melhor. Eu parei em 3 mil caixas por ano.

Na vida, o importante é fazer o que amamos. Eu não venderia minha marca por qualquer quantia em dinheiro. Eu ficaria sem saber o que fazer pela felicidade depois disso.

ENTÃO VOCÊ QUER...
ABRIR UMA VINÍCOLA

Quer se mudar para a região vinícola, como Jamie Kutch fez? Aqui estão os cinco principais conselhos dele.

VIAJE E PROVE MUITOS VINHOS

Cada região tem mitologia, técnicas, estilo e opiniões próprios sobre a produção de vinhos. Quanto mais conhecimento você tem sobre a variedade de métodos e o que cria uma gama de gostos, melhor será o seu próprio produto.

CONVERSE COM OS ESPECIALISTAS

Depois de ter escolhido a região e as variedades de uva, você precisa conversar com todo mundo que já tenha trabalhado com essas variedades. A velha guarda terá opiniões radicalmente diferentes das da nova geração de produtores mais jovens. Ao falar com ambos, você aprenderá a desenvolver suas próprias opiniões, o que ajudará a formar seu próprio estilo.

O OLFATO E O PALADAR SÃO AS SUAS FERRAMENTAS

Cheire qualquer coisa e tudo o que puder: de flores a frutas, passando por grama e até mesmo um punhado de terra. O aroma ajudará você a escolher quando colher suas uvas, o quanto extrair delas e saber se está tudo funcionando ou não durante o processo de fermentação e envelhecimento.

TRABALHE DE GRAÇA

Ofereça-se para ser um aprendiz de enólogos. Esteja disposto a trabalhar em uma colheita de graça. Fazer vinho não é difícil, difícil é fazer um ótimo vinho. Aprender com os outros é um passo fundamental para se tornar ótimo.

NÃO TENHA UM PLANO B

Se você acredita que terá sucesso, não pode falhar. Para mim, o fracasso não era uma opção, pois eu estava bem ciente de como era trabalhar em uma baia com luzes alógenas no teto. Agora, quando olho para cima, costumo ver um céu azul, às vezes um falcão e vinhas até onde a vista alcança.

APRENDER TRABALHANDO

ANGIE MAR

DE CORRETORA IMOBILIÁRIA COMERCIAL A PROPRIETÁRIA DE RESTAURANTE E CHEF

A CHEF QUE VIROU proprietária do Beatrice Inn está ganhando elogios com que muitos no mundo da gastronomia apenas sonham. A resenha do restaurante de Angie no *New York Times* foi entusiasmada: "Seguindo seu instinto, ela transformou o Beatrice Inn em um dos restaurantes mais celebrados da cidade". Em 2017, ela foi a única chef de Nova York a receber o cobiçado prêmio Food & Wine Best New Chef. Apenas alguns anos antes, Angie levava uma vida muito diferente trabalhando com imóveis comerciais. Angie compartilha seu conselho para possíveis chefs.

LUCRANDO

Eu cresci com um amor muito profundo por comida. Ruby Chow, dona de restaurantes de Seattle, era minha tia. Mas minha família não queria que eu entrasse no negócio de restaurantes. Eles queriam algo diferente para mim. Eu fui para a faculdade por um tempo, mas desisti. Como estava mais interessada em ganhar dinheiro, fui para a escola da vida. Me mudei para Los Angeles e entrei no setor de imóveis comerciais. Durante anos, eu trabalhei para a Colliers International – foi onde obtive minha formação.

DECIDINDO SAIR

Eu não estava me sentindo nem um pouco realizada no mundo corporativo, mas estava ganhando muito dinheiro. Segundo qualquer padrão, minha vida era incrível, mas não era para mim. Acabei deixando o emprego sem saber o que queria fazer. Viajei por vários meses e muito da minha viagem teve a ver com comida. Eu percebi que era mais feliz quando estava cozinhando.

ESTUDANDO GASTRONOMIA

Gastei o resto das minhas economias na escola de gastronomia de Nova York. Foi fácil – e foi um completo desperdício de tempo e dinheiro. Na época, as escolas de gastronomia tinham um currículo mais longo, de dois ou três anos. Agora, fazem cursos sobre como ter um programa de TV.

APRENDER FAZENDO

Eu havia tido um emprego sobre o qual não sabia nada antes, e foi lá que aprendi. Trabalhei no Marlow & Sons and Diner e abri o Reynard com Andrew Tarlow. Eu aprendi muito trabalhando no Diner. Era como o velho oeste. A gente mudava o cardápio literalmente todos os dias. Era "pegue tudo e prepare algo ótimo". Foi lá que aprendi a cozinhar. Então trabalhei para April Bloomfield no Spotted Pig. Ela me deu um compromisso com a perfeição que eu não sabia que existia. Ela me ensinou como fazer as coisas com calma e me concentrar nos detalhes. April me ensinou como administrar um restaurante.

GANHANDO MENOS POR UM TEMPO

Dinheiro é sempre um fator importante. Eu passei de ganhar seis dígitos por ano para descascar cebolas e abrir ostras por US$ 10 por hora. Para muita gente, o aspecto financeiro seria tremendamente decepcionante. Eu fui de ganhar muito dinheiro para não ter nada e ganhar muito dinheiro novamente. Dinheiro é dinheiro, e sempre dá para ganhar mais. Então, não ter dinheiro não é algo que me preocupe. Fazer algo que eu amo fez a diferença para mim.

Segundo qualquer padrão, minha vida era INCRÍVEL, mas não era para mim.

APROVEITANDO A OPORTUNIDADE QUANDO ELA SURGE

Quando eu estava no Spotted Pig, os antigos donos do Beatrice Inn me procuraram para ver se eu estaria interessada no cargo do chef lá. Eu disse não por cerca de três meses. O restaurante tinha uma história tumultuada, e eu não queria deixar meu emprego. Mas me dei conta de que se eu não fosse e se não fizesse o meu próprio negócio, passaria o resto da vida cozinhando a comida de outra pessoa.

DE CHEF A PROPRIETÁRIA

Eu fui chef no Beatrice por dois anos, e então comprei a parte de Graydon Carter. Ele sempre foi um grande apoiador e mentor. Ficou tudo certo. Meu pai sempre disse que, se for para ganhar dinheiro, devemos ganhar com a família. Meu sócio é meu primo, e meus irmãos têm uma empresa de web design, então, são eles que criam meu cardápio e cartões de visita. Somos realmente apenas nós.

DESENVOLVENDO EXPERIÊNCIA DE NEGÓCIOS

Eu venho de um mundo de negócios. Sou muito grata por ter o histórico que tenho. Muitas pessoas em nosso setor não entendem os custos de mão de obra, lucros e perdas e contabilidade. Eu realmente sou muito grata por ter tido essa experiência e saber fazer todas essas coisas. Sim, eu sou chef e cozinheira, mas não se pode ser criativo se não der para pagar as contas.

ENSINANDO JOVENS CHEFS

O que realmente me empolga é ensinar a próxima geração de cozinheiros. Eu não acho que as escolas de gastronomia estejam fazendo isso. Eu quero encher minha cozinha com garotos que estejam extremamente empolgados por estarem lá. Eles precisam ter paixão, e nós podemos cultivar a ética do trabalho. Uma medida do meu sucesso é onde eles estão em cinco anos e em dez anos. Eu quero essa garotada com suas próprias cozinhas nos próximos oito a dez anos.

MUDAR-SE PARA O PARAÍSO E LEVAR SEU TRABALHO COM VOCÊ

CARRIE E JERRY BOGAR

DE: PROPRIETÁRIOS DE RESTAURANTE NA PENSILVÂNIA

A: PROPRIETÁRIOS DE RESTAURANTE EM ANGUILLA

POR MAIS DE UMA DÉCADA, nós administramos um restaurante de 50 lugares no centro da Pensilvânia. Inesperadamente, fomos procurados por um desenvolvedor que estava trabalhando uma área de 200 hectares e queria incluir um restaurante de 120 lugares. Fizemos planos e tudo parecia muito bom. Mas um dia olhamos um para o outro e pensamos: "Vai ser muito mais trabalho". Naquela altura, estávamos basicamente trabalhando o ano inteiro para tirar uma ou duas semanas de folga. Nós passávamos a primeira semana de janeiro em uma ilha diferente a cada ano. Então pensamos: "Isso é meio idiota. Nós não precisamos trabalhar o ano todo para economizar para ir ao Caribe. Nós podemos abrir um restaurante e morar lá".

Fizemos uma pesquisa por "restaurante à venda no Caribe" no Google e apareceram pontos em Anguilla e Nevis. Estivemos em Nevis, mas achamos que talvez não houvesse o volume de turismo estabelecido de que provavelmente precisaríamos. Nós nunca tínhamos estado em Anguilla antes, mas sabíamos que a ilha tinha o prestígio de ter uma clientela sofisticada e bons restaurantes.

Fomos até Anguilla e ficamos lá por cinco dias. Comemos em todos os restaurantes de alto nível para ver qual seria a concorrência. Vimos que tínhamos o know-how necessário. Fazia 12 anos que trabalhávamos com restaurantes. Achamos que tínhamos boas chances de fazer tudo certo.

Quando nos reunimos com os donos do restaurante que estava à venda, eles estavam felizmente mais interessados no tipo de pessoas que éramos do que em dinheiro. Nós dissemos: "O negócio é o seguinte: nós precisamos vender tudo o que temos primeiro. Até fazermos isso, não temos dinheiro." Como eram muito tranquilos e tinham outro negócio, eles concordaram em esperar. Não queriam vender para alguém que fosse tocar música alta ou instituir um clima de boate. Eles nos disseram: "Um aperto de mão basta para nós". E assim ficamos acordados. Nós continuaríamos indo até lá a cada três meses para falar com eles e encontrar uma casa e escola para as crianças.

Quando voltamos para a Pensilvânia, conversamos com nossa equipe e botamos tudo à venda. Mas levamos uma eternidade para vender nosso restaurante. No primeiro ano, tivemos uma interessada, mas ela ficou doente e não conseguiu finalizar o negócio. Após o final do segundo ano, uma cadeia de restaurantes nos ofereceu uma enorme quantia pela licença para vender bebidas alcoólicas. Ficamos com a sensação de que estávamos vendendo um pouco da nossa alma. Isso nos permitiria fazer o que queríamos, mas era difícil ver nosso trabalho ser desmontado assim.

Enquanto nossa venda estava sendo finalizada, voltamos a Anguilla para falar novamente com os donos do restaurante, e eles disseram: "Nós estivemos conversando e decidimos não vender". Nós não podíamos acreditar. Mas eles se ofereceram para arrendá-lo para nós. Compramos uma casa e assinamos um contrato de dez anos pelo Veya. As coisas são muito menos estressantes aqui. Todos têm uma mentalidade mais descontraída. Na Pensilvânia, quando os fornecedores chegavam para fazer entregas, estavam sempre correndo e apressados. Preci-

Nós não estaríamos mais CASADOS se estivéssemos nos Estados Unidos!

sávamos conferir para ver se eles não estavam nos enganando. Em Anguilla, o pescador chega e diz: "Como estão as crianças? Como vocês estão? Como está o mar?". Precisamos de mais tempo para fazer as coisas, mas é bom. É assim em toda parte por aqui. Quando vamos ao supermercado, levamos uma hora porque paramos para conversar com 20 pessoas. Nós gostamos disso.

Na Pensilvânia, nós trabalhávamos por seis dias, e as pessoas achavam ruim fecharmos por um dia. Quando chegamos a Anguilla, as pessoas nos perguntavam: "Vocês vão mesmo trabalhar seis dias por semana? Vocês são malucos? Vocês vão ficar cansados! Por que não trabalham cinco dias por semana? Quando o movimento estiver menor, por que não trabalham só quatro? As pessoas vão vir de qualquer maneira, porque estão de férias!". Agora, servimos apenas uma refeição por dia, porque é um ritmo melhor.

Em vez de tirar duas semanas de férias por ano, nós tiramos dois meses durante a temporada de furacões: outubro e novembro. Isso não é tão incomum no Caribe, já que muitas pessoas trabalham com hospitalidade, e esses são os meses mais tranquilos. Os professores das crianças nos dão os trabalhos deles para o período, e elas fazem um relatório quando voltam. É tudo muito mais descontraído e compreensivo. Nós não poderíamos tirar as crianças da escola por dois meses nos Estados Unidos. Nós viajamos por toda parte e procuramos por coisas incomuns para fazer e comer. Já estivemos na Costa Rica, na Escócia, em Botswana e no Vietnã.

Nós não estaríamos mais CASADOS se estivéssemos nos Estados Unidos! É muito estressante tentar competir e se manter atualizado. Tem muita burocracia, e a gente não consegue nem fazer o que gosta porque fica muito enterrado nisso tudo. Quando estamos trabalhando o tempo todo, não temos tempo para pensar. Não temos tempo para ter novas ideias. Não temos tempo nem para parar. Agora trabalhamos menos horas por dia e menos dias por semana, temos mais férias e estamos melhor financeiramente. Foi o movimento certo.

REALIZAR SEU SONHO

QUANDO MARIA SERRANO FAZIA dezenas de trabalhos para dezenas de clientes – como babá, faxineira, operária e auxiliar de lavagem a seco –, ela mantinha o foco no resultado de tudo aquilo: ser sua própria patroa um dia. "Limpar casas rendia um bom dinheiro, mas era um trabalho muito duro. Eu pensava que não queria fazer aquilo pelo resto da vida. Eu queria algo diferente", explica ela. "Então eu sabia que precisava trabalhar muito e economizar para um dia poder administrar um negócio."

Aos 18 anos, Maria havia deixado sua pequena cidade no México para morar com a irmã mais velha no Queens, em Nova York, e trabalhar em uma fábrica de roupas. Mas ela não combinava com a vida da cidade e sentia falta do ritmo mais lento de uma cidade pequena. Maria e uma amiga se mudaram para um pequeno apartamento em Southampton, uma bucólica cidade litorânea de Long Island. Lá, elas trabalharam em uma lavanderia, fazendo etiquetas e números para roupas. Maria trabalhou lá por três anos antes de se casar com seu agora ex-marido e se mudar para a vizinha Shelter Island.

Na ilha, Maria encontrou trabalho como babá e faxineira, trabalhando mais frequentemente com uma família. Quando as crianças cresceram, Maria imaginou que ficaria sem emprego, mas seu patrão estava abrindo uma delicatessen na ilha e quis contratá-la. Inicialmente, Maria relutou, preocupada por nunca ter trabalhado com serviços de alimentação antes. "Meu patrão me disse: Não se preocupe, você vai aprender. E ele tinha razão. Eu aprendi tudo rapidamente". Não demorou muito para que estivesse lidando com todos os aspectos do negócio: de anotar pedidos a preparar sanduíches e sopas e cuidar do caixa. Ela trabalhava das 6h às 15h na delicatessen e fazia faxinas e cuidava de crianças durante as tardes e nos finais de semana.

Maria se viu especialmente atraída pela criatividade da cozinha e pelo vínculo que acontece com os clientes em torno da comida. "Eu adoro cozinhar e gostava de como as pessoas saíam da loja tão felizes", explica ela. "Todo mundo gostava da minha comida, e foi isso que me inspirou a abrir meu próprio negócio um dia."

Maria manteve a ideia no fundo da mente. Depois de quatro anos, a delicatessen fechou e, relutantemente, ela voltou a fazer faxinas em tempo integral. Quando um novo restaurante de comida saudável abriu na ilha, ela falou com uma amiga do proprietário para dizer que estava interessada em cozinhar. Foi contratada e, mais uma vez, se viu adorando o vínculo com os clientes e a diversão de criar seus próprios itens no cardápio. Mas, quando o negócio começou a ter problemas, Maria, agora divorciada e com dois filhos, ficou preocupada que perderia outro emprego. "Eu disse ao dono: Se um dia você quiser vender o restaurante, eu quero muito comprá-lo." Maria foi esperta em falar. O proprietário aceitou a oferta.

Maria procurou um advogado para ajudá-la no processo de compra do negócio. Ela usou o dinheiro que tinha economizado com as faxinas, além de pegar um empréstimo com a irmã, para começar. Depois que a negociação foi finalizada, Maria recebeu as chaves em janeiro, quando a ilha está com menos movimento.

Com o pagamento do aluguel, dos honorários advocatícios, das licenças e do seguro, ela não podia se dar ao luxo de esperar para começar a ter receita. Maria abriu em abril de 2012 com uma mistura de comida mexicana, opções saudáveis e sucos. Com o tempo, viu o que mais vendia e refinou o cardápio. O Maria's Kitchen é agora uma combinação de café, comida para viagem e loja de alimentos saudáveis.

O primeiro verão foi um enorme sucesso, e Maria investiu imediatamente na compra de novos refrigeradores e utensílios de cozinha. Ela não estava preparada para os negócios diminuírem drasticamente no inverno, quando a população da ilha passa de cerca de 10 mil para 2 mil habitantes. "Eu não economizei dinheiro para o inverno", ela admite. "Então o inverno chegou e tudo ficou muito devagar. Comecei a pensar que não ia conseguir." A temporada de verão seguinte a ajudou a voltar ao rumo, mas os outros anos trouxeram desafios. "Em três anos, não vi nenhum dinheiro para mim." Ela chegou a morar com o ex-marido por um tempo para economizar no aluguel.

Depois de três anos, ela estendeu seu horário, trabalhando 12 horas por dia, sete dias por semana, para ir morar sozinha com os filhos. Agora, o Maria's Kitchen está aberto há cinco anos, e ela resolveu os problemas. "Agora tudo está melhor. Meu negócio está indo muito bem. Todo verão é ótimo, o inverno não muito, mas agora eu tenho um salário regular. Eu sei como fazer tudo funcionar", explica ela. "Sou muito feliz por ter tornado meus sonhos realidade."

VIVER DA TERRA

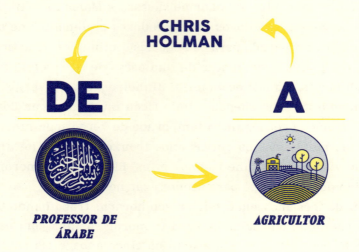

EU NÃO PLANEJAVA tornar-me agricultor. Eu estava no meio da carreira como um dos dois ou três professores de árabe não nativos nos Estados Unidos, mas tinha um intervalo de nove meses antes de começar meu programa de doutorado na Universidade de Wisconsin. Meus sogros criavam cerca de 50 galinhas por ano, e eu quis tentar. Minha esposa, Maria, e eu achamos que podíamos criar algumas galinhas, economizar algum dinheiro e vender para alguns amigos.

Alugamos algumas terras dos pais de Maria a duas horas de Madison e começamos com 400 galinhas. Escolhemos uma variedade de Redbro, uma galinha que é muito melhor em forragear em uma situação de pasto. Pagamos cerca de US$ 500 pelas aves, US$ 700 por um abrigo e depois mais US$ 100 para alimentadores e água. Uma das razões pelas quais começamos com galinhas é que elas são muito resilientes, podendo ficar a semana sem cuidados além de comida e água. A mãe de Maria olhava como elas estavam de vez em quando, e nós aparecíamos todo final de semana.

Virar agricultor me fez focar NO QUE IMPORTA.

Na época, Maria trabalhava em um restaurante e, quando souberam que estávamos criando galinhas, pediram para experimentar algumas. Tínhamos uma encomenda de três galinhas por semana. Eu pensei que nós estávamos fazendo muito sucesso! Em seguida, outro restaurante pediu quarenta frangos por semana, o que equivalia a US$ 1.700 por ano. Esse foi o momento da encruzilhada.

Eu deveria começar meu programa, mas meu doutorado começou a parecer apenas uma maneira de conseguir um pouco mais de dinheiro e um pouco mais de respeito. Eu realmente estava gostando de criar galinhas. Pensei que poderia começar a fazenda e, se desse tudo errado, eu sempre poderia voltar para o estudo.

Quando dizia às pessoas no mundo acadêmico que eu estava trabalhando com agricultura, elas não conseguiam entender o que eu estava fazendo. As pessoas no mundo agrícola também não entendem por que eu fiz isso. De muitas maneiras, realmente parece um passo atrás. Tem sido difícil conciliar o caminho que eu estava com uma nova realidade que reflete uma abordagem diferente da vida.

Nós pegamos a maior parte das nossas economias, cerca de US$ 30 mil, e investimos para começar a Nami Moon Farms. No primeiro ano, criamos 3,6 mil galinhas. Sabíamos que tínhamos comprador para 1,7 mil, mais algumas centenas para o Tornado Steak House. Isso nos colocou no modo de marketing para descobrir como vender o resto. Com galinhas criadas em pasto, sabíamos que tínhamos um nicho que nos ajudaria a nos destacar.

Nós diversificamos para acrescentar ainda mais ao nosso modelo de negócios. Adicionamos perus, depois legumes e vegetais, frutas e ovos. Agora criamos porcos. A margem de lucro na carne de porco é melhor e não é algo que dê muito trabalho. Estamos reformulando a operação para percebermos melhor o potencial de lucro de cada hora de trabalho.

A agricultura tem muitas vantagens: boa saúde e uma conexão mais próxima com minha família e minha comunidade. Existe um verdadeiro sentimento de pertencimento. Há também algo especial em produzir e vender alimentos para alguém que compartilha aquilo com sua família. Eu adoro esse processo. Também gosto de fazer parte de uma comunidade forte em que estou ativo e conectado.

Virar agricultor me fez focar no que importa. Como nos tornamos bastante conhecidos no estado, eu uso a plataforma que temos para permanecer como educador. Eu incentivo a discussão sobre alimentos e a produção de alimentos e tento levar as pessoas a pensar no assunto de maneira mais crítica. Faço apresentações sobre agricultura em várias conferências, incluindo a convenção anual do Wisconsin Farmers Union, o Fórum Global para Alimentação e Agricultura, e na Casa Branca, onde representei perspectivas de pequenas propriedades em cadeias de suprimento, acesso a mercados e infraestrutura. É um lado do meu cérebro que eu não queria abandonar. Promover diálogo é muito importante para mim. Isso tem sido e continuará sendo uma constante na minha vida.

GANHAR FAMA EM UM PAÍS ESTRANGEIRO

JULIE DEFFENSE

DE — EDITORA DE REVISTA

A — DESIGNER DE BOLOS DE CASAMENTO

NA FACULDADE, ESTUDEI arquitetura na Itália por um semestre. Gostei tanto da experiência que fui em busca de qualquer chance para voltar. Depois de me formar, recebi a oferta de um estágio remunerado de três meses em web design em Portugal através de um colega do meu pai. Na época, eu estava morando na casa dos meus pais, nos subúrbios da Filadélfia, e trabalhava com design gráfico para as páginas amarelas. Eu parecia um robô lá. Recebia por anúncio. Ganhei um bônus por não cometer nenhum erro de digitação. Ia para a cama às 20h30, porque precisava acordar muito cedo. Eu não tinha vida social.

Apesar de conhecer apenas uma pessoa em Portugal e não falar uma palavra de português, achei que o estágio seria uma aventura fantástica. Sou muito grata por ter ido, porque, caso contrário, nunca teria conhecido meu marido, Jacques, nem descoberto o que deveria fazer da vida.

Por mais animada que estivesse, chorei todos os dias do primeiro mês. Todos os meus amigos estavam seguindo caminhos profissionais incríveis em Nova York ou Boston. Eles tinham inveja de mim pela decisão de me mudar para a Europa, e eu tinha inveja deles e achava que havia cometido um grande erro. Eu estava em Portugal sem amigos e sem saber a língua. Lembro de ligar para os meus pais tantas vezes que eles finalmente disseram: "Essas ligações estão custando uma fortuna, você precisa ficar mais forte e fazer amigos".

Algumas semanas depois, conheci Jacques. Nós nos demos bem imediatamente e foi basicamente isso: ficamos inseparáveis. Perto do final do meu estágio, minha empresa teve dificuldades e acabou fechando. Decidi arriscar e ficar em Portugal, arranjar outro emprego e ver o que acontecia com Jacques.

Mandei mais de 300 currículos e acabei conseguindo um monte de trabalho freelancer de design gráfico. Um dos trabalhos era de diretora de arte de uma revista. Quando meu chefe se aposentou vários anos depois, eu comprei e administrei a revista por alguns anos, depois a vendi para começar minha própria revista. Quando era pequena, eu costumava dizer à minha mãe que queria ter uma grande família e ela sempre respondia: "Cuidado com o que você deseja".

Jacques é um de 11 irmãos. Como são cerca de 35 sobrinhos, sempre tem uma festa acontecendo, e eu comecei a fazer bolos para as festas de todos, o que eu adorava. Eu gostava tanto de confeitaria que fiz o curso de decoração e confecção de bolos da Wilton School nos Estados Unidos, meio por diversão, meio por esperança. Coloquei um anúncio na minha revista para tentar aumentar o interesse por um novo negócio paralelo de bolos de casamento. Em um mês, recebi mais pedidos de bolos do que receita de publicidade para a revista. Falei com Jacques e, juntos, decidimos que eu deveria fazer uma mudança de carreira, rápido. Fechei a revista, ficando mais liberada para fazer o que eu realmente queria.

Estou muito feliz por ter assumido o risco. Tenho tido muito sucesso com meu negócio. Eu trabalhei duro para me tornar a principal designer de bolos em Portugal. Meu foco é especialmente em casamentos e grandes eventos. Também tive a oportunidade de escrever e publicar três livros de receitas aqui. As pessoas me param nas ruas para pedir autógrafos, o que eu acho muito charmoso.

Algumas vezes, eu desejei ter ficado nos Estados Unidos e seguido um caminho convencional e ganhado muito dinheiro, mas, no fundo, sei que não teria sido tão feliz como sou. Eu cresci muito com todos os desafios que surgiram com a adaptação a uma cultura diferente. Levei muito tempo para aprender uma nova língua. Eu tinha vergonha de cometer erros, por isso passei uns bons dez anos sem dizer nada em público. Então participei de um segmento de TV matinal promovendo meu primeiro livro e falei por 25 minutos em português. Todos os nossos amigos ficaram muito chocados. Eu aprendi a falar vendo televisão e ouvindo meu marido.

Quando moramos no exterior, sentimos como se muitos dos nossos amigos na nossa terra natal tivessem desaparecido, porque todos têm suas próprias vidas. No entanto, não nos encaixamos direito na cultura em que vivemos. Daí voltamos para casa e pensamos: "Eu também não me encaixo aqui".

Um dos meus objetivos era poder ter negócios tanto em Portugal quanto nos Estados Unidos, para estar mais perto da minha família e dos meus amigos. Comecei a fazer bolos de casamento na região de Boston, a pedidos, e agora estabeleci um negócio em Sarasota, na Flórida, onde passarei seis meses por ano. Eu precisei começar do zero e construir um negócio aqui enquanto mantenho tudo em Portugal.

Quando mudei para Portugal, um amigo me disse que as mulheres não costumavam ter carreiras por aqui, por isso, eu não deveria esperar ter o mesmo tipo de carreira e crescimento que teria se tivesse ficado nos Estados Unidos. Olhando para o que fiz, fico feliz em dizer que tenho certeza de que provei o contrário.

AGRADECIMENTOS

Eu tive a ideia deste livro há mais de uma década.

EU TINHA OUTRO AGENTE NA ÉPOCA. Eu não era tão confiante. O livro não passou da apresentação inicial. Mas depois de escrever sete livros como *ghost-writer*, eu estava pronta para ver meu nome na capa de um livro. Eu conheci uma agente incrível, Alison Fargis, que concordou com isso. Ela me ajudou a publicar outra ideia que eu tinha fazia anos (*Hotel Chic at Home!* Compre!). Em seguida, nós reformulamos o conceito de *Largar tudo*. Sou muito grata por sua torcida, orientação e agenciamento competente. Além disso, ela me colocou em contato com a melhor editora que eu tive ao longo de 11 livros. Cara Bedick entendeu a ideia de imediato e foi uma ótima parceira em cada etapa. Estou muito orgulhosa do trabalho que fizemos juntas.

Um milhão de agradecimentos às mais de 60 pessoas que me deixaram fazer perguntas muito pessoais e enchê-las com muitos e-mails de acompanhamento. Fiquei muito inspirada com cada uma de suas histórias poderosas e muito feliz por terem me deixado compartilhá-las.

Agradeço a Laura Palese pelo seu design perfeito, e a Lara Blackman e Rebecca Strobel por toda a ajuda.

Um agradecimento especial e gratidão infinita a Alexandra Perron, Anne Kvinge e Lila Claghorn, sem as quais este livro poderia ter demorado ainda mais um ano.

E, claro, um milhão de abraços ao meu marido, meus filhos e toda a família.

COMPRE UM ·LIVRO· *doe um livro*

Nosso propósito é transformar a vida das pessoas por meio de histórias. Em 2015, nós criamos o programa compre 1 doe 1. Cada vez que você compra um livro na loja virtual da Belas Letras, você está ajudando a mudar o Brasil, doando um outro livro por meio da sua compra. Queremos que até 2020 esses livros cheguem a todos os 5.570 municípios brasileiros.

Conheça o projeto e se junte a essa causa:
www.belasletras.com.br

Este livro foi composto em Kingsbridge e impresso em papel pólen 80 g pela gráfica Copiart em novembro de 2019.